JN068119

これ一冊でわかる！

介護の現場と業界のしくみ

第3版

髙山善文 著

ナツメ社

この本は今まで介護に携わったことがない方や、介護の仕事に興味を持つ学生、社会人に向けて書きました。高齢者介護に関わる仕事は、一般の人には普段、触れる機会が少なく、介護に関わる施設や提供されるサービスの種類の名称を見ただけでは仕事の内容までイメージすることは難しいのではないでしょうか。

序章では、介護の仕事の素朴な疑問を9つのキーワードでまとめました。本章では、**これから介護を仕事にしたいと思っている人が知っておきたい介護保険制度のしくみ、介護の仕事でもらえるお金のしくみ、介護の具体的な仕事内容、自分に合う介護の仕事の見つけ方について、介護の未来について2024年度の介護保険制度の最新情報も入れつつ改訂・加筆しました。**介護の知識は仕事で使う人だけのものではなく、誰でも必要です。あなたや身近な人が、年をとるごとに誰かの助けが必要になる場合もあります。また、年をとらずとも事故や病気にかかり、介護が必要になる可能性があります。介護に関する問題は現代人のライフサイクル上、誰でも起こり得ることなのです。

介護は日本だけではなく、世界が抱える問題です。地球規模で人口の高齢化が進行している今、世界で先んじて高齢化社会をむかえ、日本が介護先進国として進めてきた介護保険制度、それに付随する介護サービス・産業は、高齢化の著しいアジア諸国からも先行事例として注目を浴びています。この本によって介護に少しでも興味を持っていただき、介護の仕事に理解を深めてもらえるならば、著者として望外の喜びです。

髙山 善文

本書の構成

介護の仕事に興味がある、介護の仕事に就いてみたいと考えている人に役立つ情報をわかりやすい文章とイラストで解説しました。巻末には知っておきたい統計資料や略語も掲載しました。

序章　介護の仕事についての９つの質問

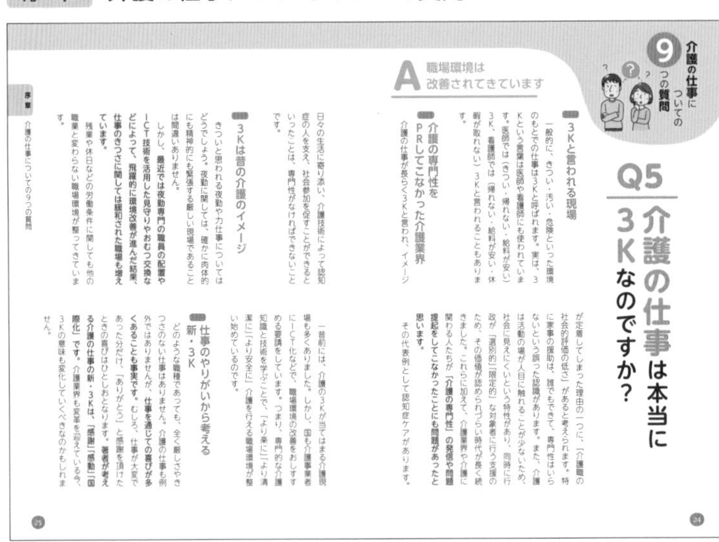

介護の仕事についての9つの質問

Q5 介護の仕事は本当に3Kなのですか？

A 職場環境は改善されてきています

3Kと言われる現場

一般的に、きつい・汚い・危険といった環境のもとでの仕事は3Kと呼ばれます。実は、3Kという言葉は医師や看護師にも使われています。医師では（きつい・帰れない・給料が安い）3K、看護師では（帰れない・給料が安い・休暇が取れない）3Kと言われることもあります。

介護の専門性をPRしてこなかった介護業界

介護の仕事が長らく3Kと言われ、イメージが定着してしまった理由の一つに、「介護職の社会的評価の低さ」があると考えられます。特に家事の援助は、誰でもできて、専門性はいらないという誤った認識があります。また、介護は活動の場が人目に触れることが少ないため、社会に見えにくいという特性があり、同時に行政が「選別的」「限定的」な対象者に行う支援のため、その価値が認められづらい時代が長く続きました。これらに加えて、介護業界や介護に関わる人たちが**「介護の専門性」の発信や問題提起をしてこなかったことにも問題があったと思います。**

その代表例として認知症ケアがあります。日々の生活に寄り添い、介護技術によって認知症の人を支え、社会参加を促すことができるといったことは、専門性がなければできないことです。

3Kは昔の介護のイメージ

きついと思われる夜勤や力仕事についてはどうでしょう。夜勤に関しては、確かに肉体的にも精神的にも緊張する厳しい現場であることは間違いありません。

しかし、**最近では夜勤専門の職員の配置やICT技術を活用した見守りやおむつ交換などによって、飛躍的に環境改善が進んだ結果、仕事のきつさに関しては緩和された職場も増えています。**

残業や休日などの労働条件に関しても他の職業と変わらない職場環境が整ってきています。

一昔前には、介護の3Kが当てはまる介護現場も多くありました。しかし、国も介護事業者にICT化などで、職場環境の改善をおしすめる要請をしています。つまり、専門的な介護知識と技術を学ぶことで、「より楽に」「より清潔に」「より安全に」介護を行える職場環境が整い始めているのです。

仕事のやりがいから考える新・3K

どのような職種であっても、全く厳しさやきつさのない仕事はありません。介護の仕事も例外ではありませんが、**仕事を通じての喜びが多くあることも事実です。**むしろ、仕事が大変であった分だけ、「ありがとう」と感謝を頂けたときの喜びはひとしおとなります。**著者が考える介護の仕事の新・3Kは、「感謝」「感動」「国際化」です。**介護業界も変革を迎えている今、3Kの意味も変化していくべきなのかもしれません。

24　序章　介護の仕事についての9つの質問　25

介護の仕事に就きたいと思う人が気になる介護の仕事についての疑問に対する解説です。介護業界の現状がわかります。

第1章　これだけは知っておきたい介護保険制度

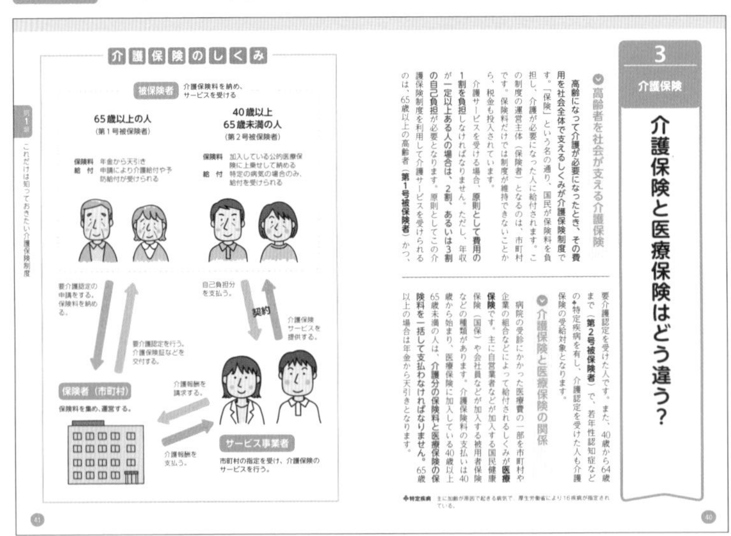

3 介護保険

介護保険と医療保険はどう違う？

高齢者を社会が支える介護保険

高齢になって介護が必要になったとき、その費用を社会全体で支えるしくみが介護保険制度です。「保険」という名の通り、国民が保険料を負担し、介護が必要になった人に給付されます。この制度の運営主体（保険者）となるのは、市町村です。保険料だけでは制度が維持できないことから、税金も投入されています。

介護サービスを受ける場合、**原則として費用の1割を負担しなければなりません。**ただし、年収が**一定以上ある人の場合は、2割、あるいは3割の自己負担が必要となります。**原則としてこの介護保険制度を利用して介護サービスを受けられるのは、65歳以上の高齢者（**第1号被保険者**）かつ、要介護認定を受けた人です。また、40歳から64歳まで（**第2号被保険者**）で、若年性認知症などの◆特定疾病を有し、介護認定を受けた人も介護保険の受給対象となります。

介護保険と医療保険の関係

病院の受診にかかった医療費の一部を市町村や企業の組合などによって給付されるしくみが**医療保険**です。主に自営業者などが加入する国民健康保険（国保）や会社員などが加入する被用者保険などの種類があります。介護保険料の支払いは40歳から始まり、医療保険に加入している40歳以上65歳未満の人は、**介護分の保険料と医療保険の保険料を一括して支払わなければなりません。**65歳以上の場合は年金から天引きとなります。

◆特定疾病　主に加齢が原因で起きる病気で、厚生労働省により16疾病が指定されている。

介護保険のしくみ

第1章　これだけは知っておきたい介護保険制度　40　41

介護保険制度のしくみをわかりやすいイラストと文章で解説しています。

第2章　介護に関するお金のしくみ

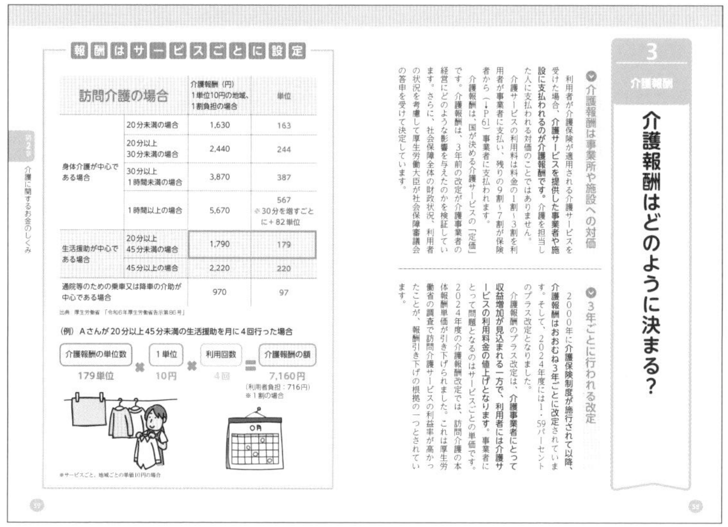

3
介護報酬

介護報酬はどのように決まる？

介護報酬は事業所や施設への対価

利用者が介護保険が適用される介護サービスを受けた場合、**介護サービスを提供した事業者や施設に支払われるのが介護報酬です。**介護を担当した人に支払われる対価のことではありません。

介護サービスの利用料は料金の1割～3割を利用者が事業者に支払い、残りの9割～7割が保険者から（➡P61）事業者に支払われます。

介護報酬は、国が決める介護サービスの「定価」です。介護報酬は、3年前の改定が介護事業者の経営にどのような影響を与えたのかを検証しています。さらに、社会保障全体の財政状況、利用者の状況を考慮して厚生労働大臣が社会保障審議会の答申を受けて決定しています。

3年ごとに行われる改定

2000年に**介護保険制度が施行されて以降、介護報酬はおおむね3年ごとに改定**されています。そして、2024年度には1.59パーセントのプラス改定となりました。

介護報酬のプラス改定は、**介護事業者にとって収益増加が見込まれる一方で、利用者には介護サービスの利用料金の値上げとなります。**事業者にとって問題となるのはサービスごとの単価です。2024年度の介護報酬改定では、訪問介護の本体報酬単価が引き下げられました。これは厚生労働省の調査で訪問介護サービスの利益率が高かったことが、報酬引き下げの根拠の一つとされています。

58

報酬はサービスごとに設定

訪問介護の場合		介護報酬（円）1単位10円の地域、1割負担の場合	単位
身体介護が中心である場合	20分未満の場合	1,630	163
	20分以上30分未満の場合	2,440	244
	30分以上1時間未満の場合	3,870	387
	1時間以上の場合	5,670	567 ※30分を増すごとに＋82単位
生活援助が中心である場合	20分以上45分未満の場合	1,790	179
	45分以上の場合	2,220	220
通院等のための乗車又は降車の介助が中心である場合		970	97

出典　厚生労働省「令和6年厚生労働省告示第86号」

（例）Aさんが20分以上45分未満の生活援助を月に4回行った場合

介護報酬の単位数 179単位 ✖ 1単位 10円 ✖ 利用回数 4回 ＝ 介護報酬の額 7,160円
（利用者負担：716円）
※1割の場合

※サービスごと、地域ごとの単価10円の場合

59

第2章　介護に関するお金のしくみ

仕事をするなら知っておきたい介護保険の財源や報酬について解説します。

第3章　介護サービスに関わるスタッフ

3
医療職

高齢者の療養を支える専門職

医師／歯科医師

医師の配置が定められている介護サービスとしては、特別養護老人ホーム、介護老人保健施設、介護医療院などがあります。介護現場では積極的な医療行為は行わないものの、医師は高齢者の療養を支える重要な役割を持っています。一方、歯科医師は通院できない患者に対し歯科診療などを行います。

保健師・看護師

保健師は地域包括支援センターなど、看護師は、訪問看護、通所介護、介護保険施設など、多くの介護の現場で活躍しています。現場において身近な医療職であり、**医師との連携を行う頼れる存在**です。

要介護高齢者が住み慣れた地域で安心して質の高いサービスを継続して受けるためには、医療職と介護職などが互いの役割を理解し、連携することが求められています。

薬剤師

薬剤師は介護老人保健施設などで調剤、療養管理指導で薬の飲み方の指導などを行います。

管理栄養士・栄養士

一人ひとりに合わせて**専門的な知識と技術を持って栄養指導・管理**を行います。管理栄養士・栄養士ともに高齢者の栄養・食事に係る大切な業務を行い、介護保険施設などで活躍しています。

76

療養を支える専門職

医師／歯科医師

高齢者の療養を支えます。

保健師・看護師

利用者に最も身近な医療職です。

薬剤師

調剤や薬の飲み方の指導を行います。

管理栄養士・栄養士

栄養指導や管理を行います。

77

第3章　介護サービスに関わるスタッフ

介護現場でいっしょに働くスタッフやその仕事の内容を説明します。

第4章 第5章 第6章 介護の仕事を知ろう

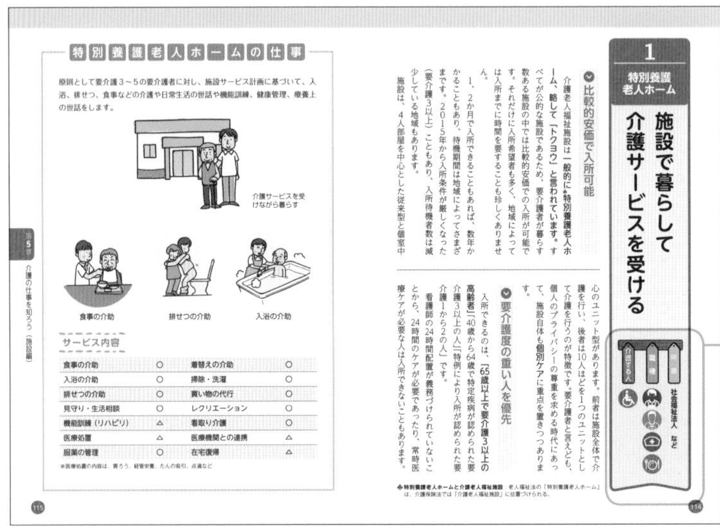

在宅、施設、地域密着型のさまざまなサービスの内容をわかりやすいイラストと図で解説します。

介護する人の要介護度やサービスを提供できる主な職種をアイコンで説明しています。(P7凡例参照)

仕事の1日の流れ

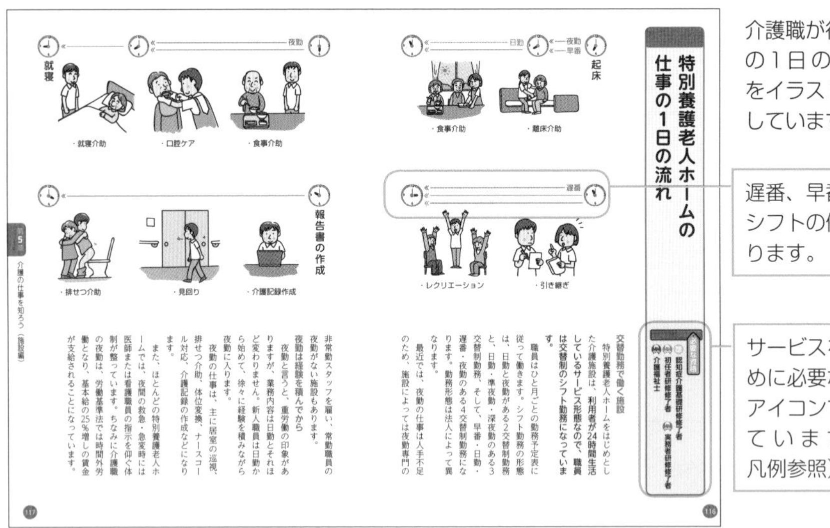

介護職が行う仕事の1日のようすをイラストで説明しています。

遅番、早番などのシフトの例がわかります。

サービスを行うために必要な資格をアイコンで説明しています。(P7凡例参照)

第7章	自分に合う職場を見つけるポイント
第8章	さあ、就職活動をはじめよう
第9章	これからの介護業界

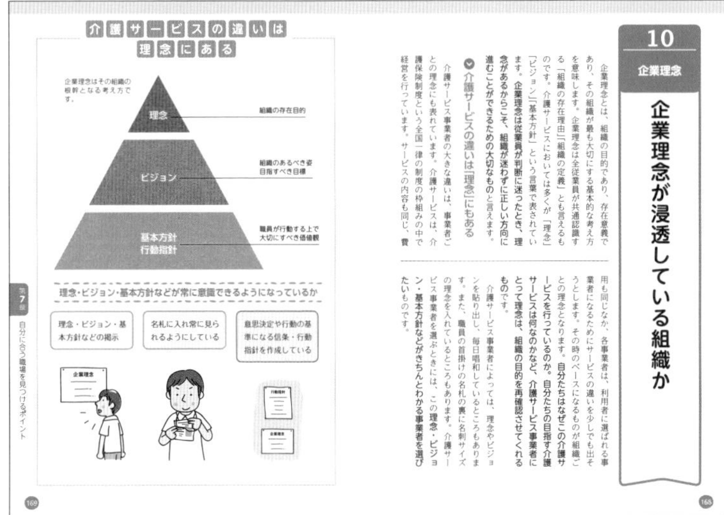

10 企業理念

企業理念が浸透している組織か

企業理念とは、組織の目的であり、存在意義であり、その組織が最も大切にする基本的な考え方を意味します。企業理念は全従業員が共通認識する「組織の存在理由」「組織の定義」とも言えるものです。介護サービスにおいては多くが「理念」「ビジョン」「基本方針」という言葉で表されています。**企業理念は従業員が判断に迷ったとき、理念があるからこそ、組織が迷わずに正しい方向に進むことができるための大切なもの**と言えます。

介護サービスの違いは「理念」にもある

介護サービス事業者の大きな違いは、事業者ごとの理念にも表れています。介護サービスは、介護保険制度という全国一律の制度の枠組みの中で経営を行っています。サービスの内容も同じ、費用も同じなか、各事業者は、利用者に選ばれる事業者になるためにサービスの違いを少しでも出そうとします。その時のベースになるものが組織ごとの理念となります。**自分たちはなぜこの介護サービスを行っているのか。自分たちの目指す介護サービスは何なのかなど、介護サービス事業者にとって理念は、組織の目的を再確認させてくれるもの**です。

介護サービス事業者によっては、理念やビジョンを貼り出し、毎日唱和しているところもあります。また、職員の首掛けの名札の裏に名刺サイズの理念を入れているところもあります。介護サービス事業者を選ぶときには、**この理念・ビジョン・基本方針などがきちんとわかる事業者を選びたい**ものです。

介護業界に就職するにあたって、仕事を探す方法や就職活動のポイントなどを紹介します。

凡例

介護職の資格

入門的研修修了
生活援助従事者研修修了

介護福祉士

実務者研修修了

初任者研修修了

認知症介護
基礎研修修了

職種

介護職

ケアマネ

生活相談員

機能訓練指導員

看護師

医師

薬剤師

栄養士

歯科衛生士

要支援1.2
介護予防※

要介護1.2

要介護3.4.5

※介護予防・日常生活支援総合事業を含む

これ一冊でわかる！介護の現場と業界のしくみ

序章 介護の仕事についての9つの質問

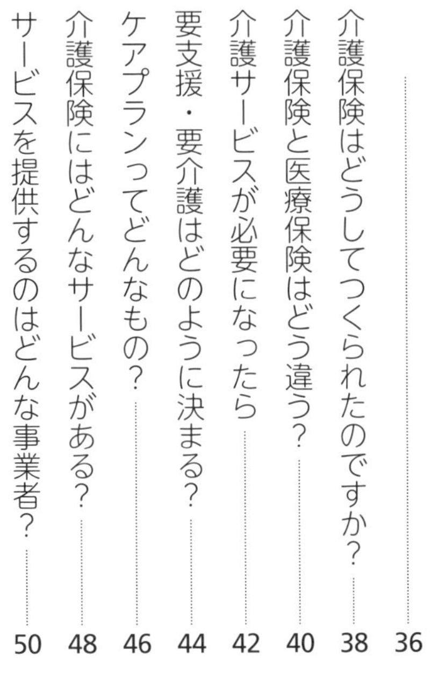

第1章 これだけは知っておきたい介護保険制度

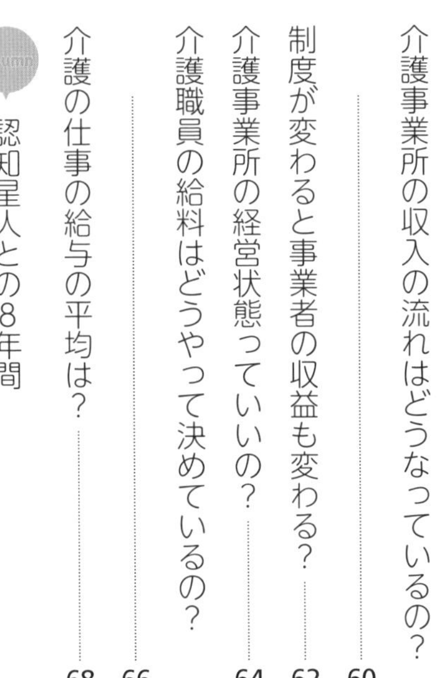

第2章 介護に関するお金のしくみ

第3章 介護サービスに関わるスタッフ

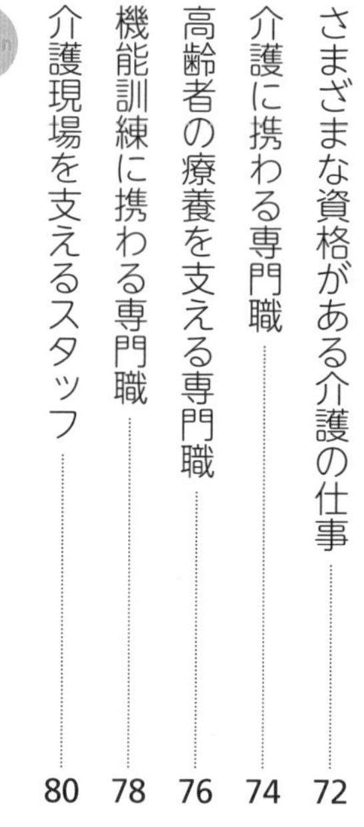

第4章 介護の仕事を知ろう（在宅編）

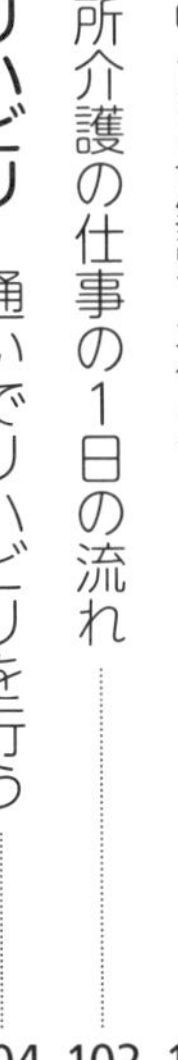

第5章 介護の仕事を知ろう（施設編）

第6章 介護の仕事を知ろう（地域密着型）

第7章 自分に合う職場を見つけるポイント

第8章 さあ、就職活動をはじめよう

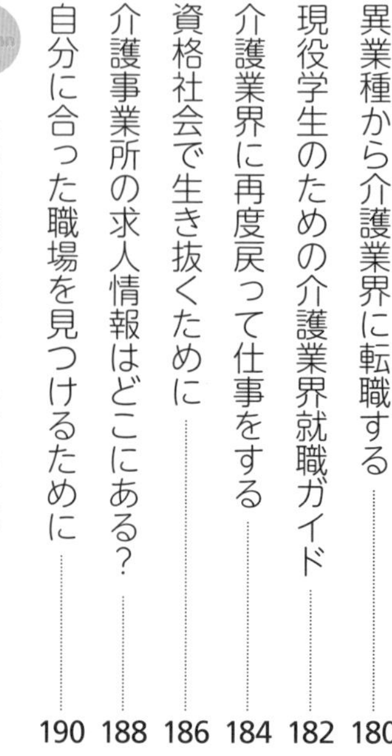

第9章 これからの介護業界

序章

介護の仕事についての9つの質問

介護業界や介護の仕事について、多くの方が疑問に感じる9つの内容について、わかりやすく説明します。

介護の仕事についての9つの質問

Q1 介護業界はどのような業界ですか？

A できて“20数年”の新しい産業

かつては家族が行っていたこと

介護保険制度ができる前は、日本には今ほど多くの介護サービスはありませんでした。親に介護が必要になると、家族が行うという考えが一般的でした。また、公的なサービスは選ぶことができませんでした。行政が提供する介護サービスの対象は、主に低所得者、身寄りのない人が中心であった時代が長く続いていました。

介護保険とともに始まった業界

介護業界という言葉が広く一般的に使われ始めたのは、２０００年の介護保険制度が開始されてからです。

介護保険制度の施行にあわせて、国は高齢者福祉に関する法律改正を行い、株式会社などの営利法人も介護サービスに参入できるようにしました。同時に利用者は多様な介護サービスを選べるようになったことで、介護市場が一気に広がりました。

拡大する介護業界

私たちの国では、少子高齢化によって介護が必要な要介護高齢者も増加しています。**要介護高齢者が増えるということは当然ながら介護保険サービスを利用する人も増え、介護市場も拡大していきます。**介護市場が拡大することをビジネスチャンスと捉え、多くの営利法人が介護業界に参入しています。

しかし、急激な市場開放は一方で大きなひずみを生み出しました。売上至上主義の営利法人の不正や事件が次々とあらわになったのです。

その後国は、そういった事業者の監視を強める法改正を行い、現在では安心できる介護サービスを行う事業者がほとんどです。

国の制度に依存する業界

介護業界は介護保険制度に支えられており、国が定める規則の範囲内でのみ収益を見込むことができます。介護保険は、公的サービスであるため、**利益を追求するよりも社会的な必要性に重きを置かれる業界です。**

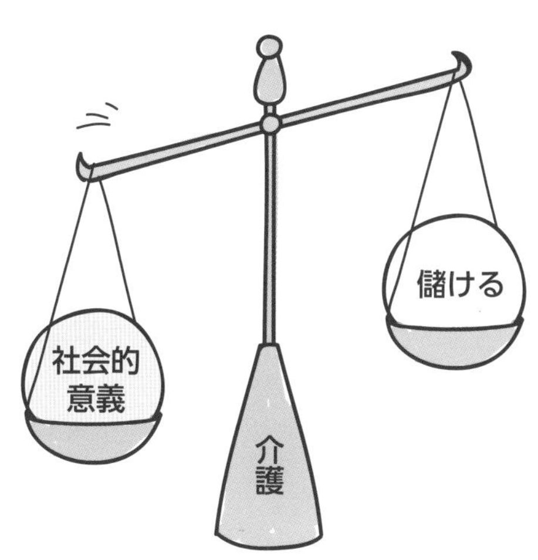

Q2 介護関係の仕事にはどのようなものがありますか？

A 携わるサービスや職種によって仕事の内容はさまざま

働く場所も職種もさまざま

介護の仕事場は訪問介護などの在宅サービスであれば、基本は要介護者の自宅が働く場になります。一方、老人ホームなどの施設サービスでは施設が職場になります。そして、提供するサービスや職種によって仕事の内容が異なり、必要な資格も変わります。最も知られているのはホームヘルパーや施設などで働く介護職員ですが、他にもケアマネジャーや、施設での入所や退所相談をする生活相談員、毎月の介護費用を請求する介護報酬請求事務職員などさまざまな仕事があります。

直接高齢者に関わる仕事だけではない

介護の仕事は、皆さんがイメージする高齢者の食事の介助、入浴の介助、トイレの介助をするなどの直接、高齢者に関わる仕事だけではありません。

介護の仕事は大きく分けると、直接高齢者の介護をする仕事と、間接的に介護の仕事に携わる周辺の仕事があります。

間接的な仕事では、介護施設や事業所での管理的な仕事や介護報酬を請求するなどの事務的な仕事を行うなどといったものもあります。

在宅の仕事と施設の仕事

基本的に介護の仕事は、介護施設や利用者の居宅において高齢者の身の回りの支援をする仕事になります。老人ホームなど、施設に入所している利用者に対して、起床・着替えの介助に始まり、食事介助、おむつ交換、入浴と、施設で決められたスケジュールをもとに、利用者の必要に応じた支援を行います。在宅介護では、一人ひとり異なるサービスを行います。

介護は専門性が求められる仕事

介護は、かつては家族が介護を行っていたこともあり、誰にでもできる仕事と言われた時代もありました。今では、介護の仕事は高齢者の生き方や命と向き合う**専門性が求められる仕事**という認識に変化しています。

介護という仕事は大きく言うならば、高齢や疾病のためにひとりでは生活を送ることができない人に対して、生活を成立させ、一定のリズムを作り上げ、人間らしく生きるための基本的な生活欲求を充足させる援助と言われます。

直接的な介護の仕事も間接的な介護の仕事も目的は、要介護高齢者の自立を支援していく専門的な仕事なのです。

Q3 介護職は給料が安いと聞きますが…。

A 介護職の賃金は際立って低いわけではない

他産業と比較するには無理がある

「介護職員の賃金は低い」というのは常識と思っている人が多いのではないでしょうか。

この根拠として挙げられるのが、介護職員の賃金を他産業の賃金と比較した「賃金構造基本統計調査」です。

しかし、この調査とは別に同じ厚生労働省が出している「介護従事者処遇状況等調査結果」を合わせて見ると**介護業界を他業界と同じ物差しで比較するのは、難しいことに気づかされます。**

なぜなら、介護産業はできてから20数年しか経っていない業界のため、平均年齢の違いや勤続年数の違い（勤続年数が10年未満の人が8割を超える業界）、男女の性差による違い、就業する介護職員の学歴の違いなどがあることから、全産業平均との間で賃金を単純に比較することは困難だと思われるからです。

実際、勤続年数を考慮し、女性が中心の職場であることを考えた賃金を比較してみると介護職員の賃金は一概に低いとは言えないことがわかります。ただし、**他産業と比較して賃金の面においては依然として低い状況は事実です。**

国は待遇を良くしようとしている

国は、介護産業と他産業との賃金差を縮小させるため、2009年度以降、介護職員の賃金改善を行っています。

そして、国は介護報酬の2024年度改定で、介護現場の職員の賃金を引き上げるために、2024年度に2・5%、2025年度に2・0%のベースアップを介護事業者に要請しました。これによって、介護職員の賃金が、他の産業と比べて遜色のない賃金水準を実現することを目指しています。

■ 介護職員の平均給与額等（月給の者）（介護職員等特定処理改善加算及び介護職員等ベースアップ等支援加算を取得している事業所）

サービス種別	平均年齢（歳）	平均勤続年数（年）	平均給与額（円）
介護老人福祉施設	40.9	9.3	347,560
介護老人保健施設	41.7	10.3	341,700
介護医療院	45.2	9.9	312,600
訪問介護事業所	48.3	8.3	321,790
通所介護事業所	45.2	8.0	283,170
認知症対応型共同生活介護	47.5	8.1	296,890

出典：厚生労働省 「令和４年度介護従事者処遇状況等調査結果」

■ 年齢階級別賃金

（千円）

年齢階級	男性	女性
年齢計	350.9	262.6
～19歳	191.1	188.4
20～24	229.3	219.6
25～29	267.8	245.8
30～34	302.1	259.6
35～39	337.9	270.1
40～44	371.8	276.8
45～49	396.9	281.7
50～54	417.7	285.9
55～59	427.4	281.7
60～64	334.2	246.6
65～69	293.3	217.1
年齢（歳）	**44.6**	**42.6**
勤続年数（年）	**13.8**	**9.9**

出典：厚生労働省 「令和５年賃金構造基本統計調査の概況」

※**賃金構造基本統計調査（厚生労働省）**：雇用労働者について、賃金の実態を明らかにしたもの。毎年6月の状況を調査している。

Q4 未経験・無資格ですが働くことはできますか？

A 義務化された研修がある

無資格者には認知症介護基礎研修受講が必須になった

介護サービス事業を運営するためには法令で定める指定基準という決まりがあります。指定基準の内容は、働く職員配置などの人員基準の他、設備基準、運営基準などがあります。

人員基準には、看護職員、生活相談員、介護職員、機能訓練指導員、常勤管理者などさまざまな職種の配置が利用者数によって決められています。そして今般、国は認知症ケアの質を向上させるため、医療・介護の無資格者に対して「認知症介護基礎研修」の受講を義務付けました。**2024年4月以降、無資格で当該研修を受講していない者は、介護現場で直接介護に関わる業務を行うことができなくなりました。**新たに入職する職員は、入職後1年以内にこの研修を受講する必要があります。ただし、医療・介護の国家資格を既に保有している人や、介護職員初任者研修などの公的研修を修了している人は、この研修を受講する必要はありません。

「認知症介護基礎研修」。(↓P72参照)

介護は高齢者を支援するプロの仕事

介護業界は基本的に資格社会です。多くの人が介護に関する資格を持って働いています。利用者にとっても、資格を取得している人材のほうが一定の専門知識や技術が身についている安心感・信頼感があり、資格があれば経験はなくとも、業務範囲が広がることは間違いありません。

さらに、資格の取得過程で幅広い知識と基本的な介護技術が向上します。以前と異なり介護の仕事は専門性が確立されつつあります。プロフェッショナルとしてサービスの対価をもらうのであれば就職前に資格取得はしておくべきだと思います。

入社してから資格を取得する方法もある

現在人手不足の介護業界では、無資格者をあえて採用し、入社してから資格取得のための費用を会社負担する会社も多く見られます。この方法は無資格者にとっても自己負担なしで資格を取得できるメリットがあります。入社後、資格を取得したい場合は、資格取得を会社負担で行っているかどうかも入社前に確認すると良いでしょう。

介護以外の経験を生かす

一方、管理部門などの間接的な業務を希望するのであれば希望する業務の経験は必要ですが、介護に関する資格は不要です。

管理部門は経理、人事、総務などの業務になります。また、研修部門や利用者獲得のための営業部門があるところもあります。

しかしながら管理部門の採用は直接介護を行う職種と比べて非常に狭き門となっています。

Q5 介護の仕事は本当に3Kなのですか？

A 職場環境は改善されてきています

3Kと言われる現場

一般的に、きつい・汚い・危険といった環境のもとでの仕事は3Kと呼ばれます。実は、3Kという言葉は医師や看護師にも使われています。医師では（きつい・帰れない・給料が安い）3K、看護師では（帰れない・給料が安い・休暇が取れない）3Kと言われることもあります。

介護の専門性をPRしてこなかった介護業界

介護の仕事が長らく3Kと言われ、イメージが定着してしまった理由の一つに、「介護職の社会的評価の低さ」があると考えられます。特に家事の援助は、誰でもできて、専門性はいらないという誤った認識があります。また、介護は活動の場が人目に触れることが少ないため、社会に見えにくいという特性があり、同時に行政が「選別的」「限定的」な対象者に行う支援のため、その価値が認められづらい時代が長く続きました。これらに加えて、介護業界や介護に関わる人たちが**「介護の専門性」の発信や問題提起をしてこなかったことにも問題があったと思います。**

その代表例として認知症ケアがあります。

日々の生活に寄り添い、介護技術によって認知症の人を支え、社会参加を促すことができるといったことは、専門性がなければできないことです。

3Kは昔の介護のイメージ

きついと思われる夜勤や力仕事についてはどうでしょう。夜勤に関しては、確かに肉体的にも精神的にも緊張する厳しい現場であることは間違いありません。

しかし、**最近では夜勤専門の職員の配置やICT技術を活用した見守りやおむつ交換などによって、飛躍的に環境改善が進んだ結果、仕事のきつさに関しては緩和された職場も増えています。**

残業や休日などの労働条件に関しても他の職業と変わらない職場環境が整ってきています。

一昔前には、介護の3Kが当てはまる介護現場も多くありました。しかし、国も介護事業者にICT化などで、職場環境の改善をおしすめる要請をしています。つまり、専門的な介護知識と技術を学ぶことで、「より楽に」「より清潔に」「より安全に」介護を行える職場環境が整い始めているのです。

仕事のやりがいから考える新・3K

どのような職種であっても、全く厳しさやきつさのない仕事はありません。介護の仕事も例外ではありませんが、**仕事を通じての喜びが多くあることも事実です。**むしろ、仕事が大変であった分だけ、「ありがとう」と感謝を頂けたときの喜びはひとしおとなります。**著者が考える介護の仕事の新・3Kは、「感謝」「感動」「国際化」です。**介護業界も変革を迎えている今、3Kの意味も変化していくべきなのかもしれません。

Q6 自分の親を介護した経験は生かせますか？

A 親の介護も一つの経験

要介護高齢者の心身の状態は年齢や体調によって、日々変化します。病院で療養している場合、自宅で過ごしている場合、介護施設で生活している場合などさまざまであり、その結果、求められるものもそれぞれ異なります。

つまり、介護サービスは利用者によってそれぞれ異なるものであるため、自分の親の介護経験は、職業としての介護の現場においては一つの経験や事例として捉えた方が良いでしょう。

親の介護は一つの事例と考えた方がよい

超高齢社会を迎え、介護が他人事ではなく、誰にでも起こり得るものとなりました。もちろん、自分の親の介護経験は介護の仕事に就くにあたって役に立ちます。しかし、自分の親の介護経験は、**あくまでも一つの事例と考えたほうがよいでしょう。**

なぜなら、人間は一人ひとり違った歴史を歩んで高齢になります。言い換えれば、**一人ひとり異なった生活習慣や価値観を持って生活をしているのです。**それは、介護が必要となっても同様です。

介護の資格はノウハウの蓄積

現在の介護の考えにあるのは、**高齢者一人ひ**

とりの要介護状態や希望に合わせて生活を支援することです。そして、今まで日本が積み重ねてきた考えや、介護業界が試行錯誤してきたノウハウは「介護の資格」に蓄積されています。

介護の資格の取得には、質の高い介護を行うための要介護者の身体の状況だけでなく、生活環境の把握から始まり、認知症に関する知識や、声かけなどの技術、食事や栄養、感染症や食中毒などの医療的な基礎知識、介護機器や事故のリスクなど、広い範囲の内容についての学習が必要です。

経験を生かすために

介護の分野は医療と比べると、学問としてまだ発展途上にあるかもしれません。しかしながら、日本の介護に関する教育は「専門性の追求」という面において世界の最先端を行っていると考えられます。

介護に関する知識がなくとも介護の資格をとるための学習を行うことによって、個人的な介護経験も一つの大切な事例として役立てていくことができるようになるでしょう。

自分の親の介護経験を一つのきっかけとして介護に興味を持たれたのなら、介護の世界にぜひ足を踏み入れてみてはいかがでしょうか。

Q7 介護分野で成長している会社はありますか？

A もちろん、あります

介護保険制度の開始とともに

介護業界に興味を持ち、介護を産業として見た場合、成長している会社があるかどうか気になるところです。介護保険制度が始まり、営利法人などにも介護サービス提供の門戸が開かれたことによって、**さまざまな分野の法人が介護業界に参入しています。今まで、行政の手に委ねられていた介護サービスが多様な提供主体によって供給され**始めたのです。

20数年で様変わりした介護業界

それから約20数年を経た今、介護業界は大きく様変わりしています。会社の成長の定義は売上高で見るのか、事業所数で見るのか、利益で見るのかによって異なります。規模と売上高で介護事業の成長を見るならば、成長している会社は増えていると言ってよいでしょう。そして、**その成長の主役は営利法人である株式会社が運営する介護事業と言えます。**株式会社は成長スピードを早めるために積極的に介護会社の買収を推進しています。

介護分野の大手企業とは

一口に介護事業と言っても、運営しているサービスによって売上や利益が異なります。株式会社のなかで、介護サービスの大手では、ニチイ学館、SOMPOケア、ベネッセスタイルケア、ツクイ、などが挙げられます。

また、法人格や運営しているサービスの種類が異なるので、一概に比較はできませんが社会福祉法人恩賜財団済生会、社会福祉法人聖隷福祉事業団、医療法人社団葵会なども大手法人と見ることができます。

介護業界の動き

介護業界の会社として忘れてはならないのが、介護事業者に対して製品を供給する会社です。紙おむつでは、ユニ・チャーム、大王製紙、王子製紙、花王などがあります。医療・介護用ベッド製造販売ではパラマウントベッド、フランスベッド、プラッツなどが挙げられます。また、福祉用具のレンタルを行う日本ケアサプライなどもあります。

一方、近年の介護業界では、投資ファンドによる買収や売却が活発に行われています。例えば業界最大手のニチイ学館は投資ファンド会社に買収された後、日本生命保険に売却されました。ベネッセスタイルケア、ツクイ、SOYOKAZE（旧ユニマット系）、HITOWAホールディングスも同様に投資ファンド会社の手に渡っています。これらの動きは、投資ファンド会社が介護業界の経営改革を推進し、成長性を高めていることを示しており、その影響は見逃せません。

株式会社は成長することが株主に対しての責任です。利益に対してはシビアな経営をしている点で社会福祉法人などとは異なります。

Q8 介護業界の未来は明るいですか？

A まだまだ可能性が広がる業界

介護は、AIにはできない仕事

現在、私たちの社会はものすごいスピードで技術革新が進んでいます。特にAI（人工知能）の進化は凄まじく、あらゆる仕事をAIが代替えする現実社会がそこまで迫っています。

一方、介護業界では、介護を行う人材の不足が叫ばれていますが、この状況が続くのはあと数年で終わるという意見もあります。意外と思われるかもしれませんが、**AIの進化が進むことで大きな産業構造が変化し、介護業界も見直される時期が来ると考えられています。**

連日、ニュースで報道されている企業の人員削減はこのAIとロボットによる定型業務の自動化によっても生じていることなのです。

野村総合研究所（NRI）は、2015年にオックスフォード大学との共同研究で**AIやロボットによる自動化が難しい職業には、「創造的思考」、「コミュニケーション・協調性」、「非定型業務」の3つの特徴があると指摘しています。まさに介護の仕事はこの3つすべてを満たしています。**

日本がこの20数年で得たもの

日本の介護業界は、この20数年で「介護に関

する知見（ノウハウ）を得ました。特に高齢化が著しいアジア諸国がこのノウハウに注目しています。

その中でも日本の総人口以上の高齢者がいる隣国である中国では、現在高齢化が、大きな政治課題となっています。もちろん日本と他国では、生活習慣や介護についての考え方、社会システムも異なり、一概に介護というサービスをそのまま輸出することはできません。しかし、日本がこの20数年間で得た介護に関する知見は、今後高齢化を迎える国々に参考とされる部分も多くあるはずです。

そして、**すでに、日本の介護のノウハウは各国に「輸出」され始めています。**

明るい未来は私たちが創る

介護業界は発展途上と言える業界です。柔軟な発想と工夫で課題を解決できれば、それが新たなビジネスになる可能性が眠っています。介護の仕事は日々直面する利用者とのやり取りのなかで想像力を働かせ、コミュニケーションを取りながら、仲間とチームで課題を解決していく仕事です。

介護の仕事はAIに代替が困難な性質を持ち、世界の高齢化が進む中で需要がますます高まっています。「介護先進国」である日本において、介護の仕事の役割が今後さらに重要になることは間違いありません。

Q9 介護保険制度の改正で何が変わりましたか?

A 介護報酬が引き上げられ、事業者収入と介護職員賃金が増加します

介護保険制度の改正

介護保険制度の改正は3年ごとのサイクルで行われ、時代や環境の変化に対応するため定期的に見直しが実施されます。**2024年度の改正は、2年に一度の医療診療報酬の改定と時期が重なり、介護報酬においても多くの改定が行われました。**

2024年度の介護報酬改定では、介護職員の待遇が改善され、サービスの基本料金が引き上げられました。この改定の目的は、介護現場での人材流出を防ぎ、介護事業者の経営を向上させることです。

介護報酬改定に示された4つのポイント

2024年度の介護保険制度改正は、次の4つを基本的な視点として改正内容が定められています。

一つ目は、地域包括ケアシステムの深化・推進です。認知症患者、単身の高齢者、医療ニーズが高い中重度の高齢者を含むすべての介護必要者に対して、質の高いケアマネジメントとサービスの提供を目指します。特に、医療と介護の連携推進は、2020年の新型コロナウイルス流行を通じて、重要性が再認識されました。さらに、高齢化進行による「多死社会」への対

応として、在宅や介護施設での看取りへの対応強化が示されました。加えて、高齢者虐待防止の推進が義務化されるなど、虐待防止対策も強化されています。

二つ目は高齢者の自立支援・重度化防止に向けた対応です。高齢者の自立支援や重症化防止を実現するために、多職種間の連携やデータの活用を推進しています。介護保険制度において、高齢者の自立支援と重度化防止が強調されるのは、健康寿命（病気や介護が必要な状態にならずに、自立した生活を送れる期間）が延びることで、介護保険財政のコストが抑制されるという国の目的にも合致するからです。

三つ目は良質なサービスの効率的な提供に向けた働きやすい職場づくりです。介護職員の待遇がよくなるように、新しい賃金制度（処理改善加算）が作られました。それに加えて、外国の介護職員が働きやすくなる制度変更や、リモートワークといった新しい働き方、ロボットやICT機器を使った効率的な方法が示されています。

四つ目は制度の安定性・持続可能性の確保です。介護保険制度は、医療保険と同じく国が運営する社会保険制度です。財源は、税金と社会保険料です。高齢化が進むにつれて、介護サービスへの需要が増大しています。これにより、介護保険制度にかかる費用も増加し続けるため、コストを効率的に管理し、適切な報酬体系を設定することが示されています。

2035年には、団塊世代の全員が85歳以上になります。高齢者が急増する一方で、現役世代は減少しています。これに伴い、医療や介護の需要が増え、社会保障費が増大します。この結果、現役世代の負担が過大になり、介護保険制度の維持が困難になる可能性があります。さらに、労働力不足は介護だけでなく、多くの企業でも問題となり、厳しい採用競争が予想されます。介護保険制度の改正は、制度が直面する状況を考慮しながら進められています。

『介護アシスタント』という働き方

「高齢者施設で介護の仕事をしています」というと、ほとんどの方が「まあ、大変ねえー」とおっしゃいます。

介護の現場での仕事は、確かに大変な面もあります。専門の知識を持って生活すべてにかかわる身体介護や介助、それに加えて環境整備や各種記録などの事務的な業務も欠かせないのですから。

そんな多忙な介護職員が、ゆとりをもって質の良いケアをするお手伝いをするのが『介護アシスタント』や『介護助手』と呼ばれる仕事です。私の勤務先では、直接身体介護に当たらないけれど、日々の生活に必要という業務＝配膳・下膳、整容、シーツ交換、洗濯、清掃などを担当しています。

私が介護アシスタントになったのは、10年ほど前のこと。当時の「ホームヘルパー２級」の講習を受ける機会があり、終了後に講習を活かせて、人の役に立つ仕事がないかなあ。しかも、フルタイムでなく趣味のサークル活動や小学校のボランティアを続けながらできる仕事がいいなあと思っていたとき目にしたのが、『未経験の方、アシスタントをしてみませんか？』という高齢者施設の求人広告でした。

本当に未経験で大丈夫かしらという不安はありましたが、仕事の内容は、家事の延長プラス高齢者のお相手のようでした。

現在私は、週２～３日、一日４時間勤務。整容、飲み物の提供、タオルや食事用エプロンの整備、物品の補充、清掃などと、見守りや利用者様の話し相手などをしています。仕事は午前中で終わり、午後は趣味の時間にあてています。

他に、ベッドメイキングや入浴時の着替え準備、衣類の整理などの担当が２名、週２～４日、一日４～６時間勤務しています。ダブルワークや主婦の方です。アシスタントから資格を取って介護士になった方もいます。

利用者様にとっては「生活しやすさ」のお手伝いを、職員にとっては「専門のケアに集中すること」のお手伝いをするのが介護アシスタントだと考えています。自分の生活に合わせた勤務時間で仕事ができ、人の役に立っていることが実感できる仕事として、『介護アシスタント』という働き方を私は続けています。

小出眞知子

第1章

これだけは知っておきたい介護保険制度

そもそも介護保険ってなに？　介護保険のしくみって？　など、介護の仕事をするには知っておかなければならない介護保険制度についてわかりやすく説明します。

1 制度

これまでの高齢者介護の歴史を教えてください

高齢者福祉の始まり

戦後間もないころの日本の家族は多世代が同居しており、介護は家族の中でも女性の仕事とされてきました。１９６０年代に入ると次第に核家族化が進み、１９６３年には、**老人福祉法**が制定され、介護が必要な高齢者のためのサービスが登場します。

70年代には高齢者の医療費が増え始め、老人福祉法における老人デイサービスセンターや、老人短期入所施設ができました。80年代には寝たきり高齢者が社会問題化し、**老人保健法**の制定により老人保健施設が創設されました。

90年代になると、ホームヘルパー養成事業が実施され、老人訪問看護制度がスタートしました。

２０００年から実施された介護保険制度

２０００年には介護保険法が施行されます。それまで介護サービスは♣措置制度となっており、**利用者の希望でサービス内容を決めることはできませんでした。**

介護保険制度は改正を繰り返しています。２００５年には、**予防重視型システム**へ改正され、２０１１年の改正では、地域で高齢者を支える**地域包括ケアシステム**が登場して注目されました。２０２１年改正では、**「地域共生社会」の実現**がテーマでした。そして２０２４年改正では、高齢者に加え、子供たち、子育て世代、さらには現役世代まで広く安心を支えていく社会保障制度を目指しています。

♣**措置**：行政が福祉サービスを受ける要件を満たしているかを判断し、提供する制度のこと。利用者の意志は関係ない。

高齢者介護の歴史

年代	主な施策	高齢化率
1960年代	1963年　老人福祉法制定 ・特別養護老人ホーム創設 ・ホームヘルパー法制化	5.7%
1970年代	1973年　老人医療費無料化	7.1% **（高齢化社会7%超）**
1980年代	1982年　老人保健法の制定 ※老人医療費の一定額負担の導入 1989年　ゴールドプラン（高齢者保健福祉推進10か年戦略） ※施設整備と在宅福祉の推進	9.1%
1990年代	1994年　新ゴールドプラン（新・高齢者保健福祉推進10か年戦略） ※在宅介護の充実	12.0%
2000年代	2000年　介護保険法施行 2006年　予防重視型システムの導入 2012年　地域包括ケアシステムの導入 2018年　地域包括ケアシステムの強化	17.3%（2000年） **（高齢社会14%超）** 21.0%（2011年） **（超高齢社会21%超）**
2020年代	2021年　「地域共生社会」の実現 2024年　全世代対応型の持続可能な社会保障制度	28.8%（2020年） 29.1%（2023年）

医療費の増大

社会的入院や寝たきり老人の社会的問題化

家庭の介護力の低下

予想を超えて高齢化進展

地域で高齢者を支える

2

背景

介護保険はどうしてつくられたのですか？

理由その1・トップクラスの長寿国

日本は世界でトップクラスの長寿国になりました。一方で、出生率は年々低下しています。その結果、日本は**世界に先駆けて、超高齢社会になっています。**

健康で長生きする人が多ければ問題はないのですが、高齢者が増えるとともに寝たきりや認知症によって介護を必要とする高齢者も増加しています。

また、医療が進歩したこともあり、要介護状態になったとしても長生きできるようになりました。皮肉にもこれは**要介護期間の長期化**、そして**高齢者医療費の増大**を意味します。

理由その2・家族形態の変化

先述したように、かつて日本の家族は三世代同居し、高齢者の介護は、主に女性が担当していました。しかし、1960年代頃から核家族化が進み、外で仕事をする女性も増えるようになりました。高齢者夫婦だけの家族や独居老人も増え、介護される人も介護する人も高齢者という老老介護の例も珍しくはありません。

家族のあり方が変わり、家族だけで高齢者を介護することが困難な状況になってきたのです。そのために国民誰もが等しく介護サービスを受けられるように、社会全体で支援するという目的で介護保険が創設されました。

介護保険制度創設の背景

高齢者人口の急増

家族形態の変化

核家族化や高齢者だけの家族、独居老人も増えました。

要介護期間の長期化

寝たきりや認知症によって介護を必要とする人が増え、要介護期間も長期化しました。

高齢者医療費の増大

治療ではなく、介護のための長期入院が増え、そのための医療費が増えることになりました。

高齢者介護を社会全体で支えあうしくみ（社会保障：介護保険）

3

介護保険

介護保険と医療保険はどう違う？

高齢者を社会が支える介護保険

高齢になって介護が必要になったとき、その費用を社会全体で支えるしくみが介護保険制度です。「保険」という名の通り、国民が保険料を負担し、介護が必要になった人に給付されます。この制度の運営主体（保険者）となるのは、市町村です。保険料だけでは制度が維持できないことから、税金も投入されています。

介護サービスを受ける場合、**原則として費用の1割を負担**しなければなりません。ただし、年収が**一定以上ある人の場合は、2割、あるいは3割の自己負担**が必要となります。原則としてこの介護保険制度を利用して介護サービスを受けられるのは、65歳以上の高齢者（**第1号被保険者**）かつ、要介護認定を受けた人です。また、40歳から64歳まで（**第2号被保険者**）で、若年性認知症などの♣特定疾病を有し、介護認定を受けた人も介護保険の受給対象となります。

介護保険と医療保険の関係

病院の受診にかかった医療費の一部を市町村や企業の組合などによって給付されるしくみが**医療保険**です。主に自営業者などが加入する国民健康保険（国保）や会社員などが加入する被用者保険などの種類があります。介護保険料の支払いは40歳から始まり、医療保険に加入している40歳以上65歳未満の人は、**介護分の保険料と医療保険の保険料を一括して支払わなければなりません。**65歳以上の場合は年金から天引きとなります。

♣**特定疾病**：主に加齢が原因で起きる病気で、厚生労働省により16疾病が指定されている。

介護保険のしくみ

被保険者 介護保険料を納め、サービスを受ける

65歳以上の人
（第1号被保険者）

保険料 年金から天引き
給　付 申請により介護給付や予防給付が受けられる

40歳以上65歳未満の人
（第2号被保険者）

保険料 加入している公的医療保険に上乗せして納める
給　付 特定の病気の場合のみ、給付を受けられる

保険者（市町村）

保険料を集め、運営する。

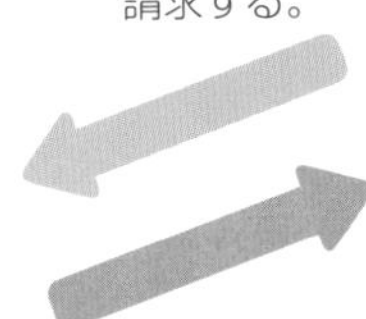

サービス事業者

市町村の指定を受け、介護保険のサービスを行う。

4

手続き

介護サービスが必要になったら

まずは市町村の窓口へ

自分自身や家族が要介護状態になったとき、65歳以上であれば、介護保険制度が適用されます。**介護サービスを利用するためには、まず住民票のある市町村の窓口へ申請をして、要介護認定を受ける必要があります。**申請は、本人または家族が行いますが、居宅介護支援事業者などに申請の代行を依頼することもできます。40歳から64歳までの人は、特定の疾病の場合に介護サービスを利用することができます。

要介護認定からケアプランの作成

その後**認定調査**、**介護認定審査会**を経て要介護度と介護保険負担限度額が決定されます。これは申請者が本当に介護の必要な状態にあるのか、介護を必要とする度合はどれほどなのかを決めるものです。要介護認定の結果は原則30日以内に通知されます。認定された場合は認定結果通知書と、認定結果が記載された**介護保険被保険者証**が送付されます。初回の介護保険被保険者証の有効期間は原則として6か月、その後の更新は原則12か月ごとです。

認定結果が「要支援」の場合は、地域包括支援センター、「要介護」の場合は居宅介護支援事業所のケアマネジャー（介護支援専門員）と相談したうえで、ケアプランを作成してもらいます。

要介護者がこのケアプランに同意すれば、介護サービスの開始となり、ケアプランに沿ったサービスが受けられます。

申請からサービス開始まで

利用者
家族など

ステップ1
市町村窓口へ申請

手続きは本人や家族の他、居宅介護支援事業者（ケアプラン作成事業者）などにも依頼できます。

ステップ2
認定調査

市町村の認定調査員が家庭を訪れて利用者の生活の様子を確認します。

主治医の意見書

ステップ3
介護認定審査会で審査・判定

調査の結果と主治医の意見書、コンピュータ判定をもとに市町村の「介護認定審査会」で、介護の必要性を審査・判定します。

ステップ4
認定結果の通知

・非該当　・要支援1、2　・要介護1～5
のいずれかが決まります。

ステップ5
ケアプランの作成

ケアマネジャーがケアプランを作成します。

※施設の場合
施設のケアマネジャーが作成

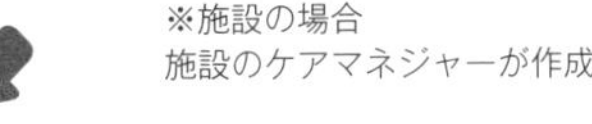

ステップ6
介護サービス事業者と契約する

サービスの内容を確認して契約します。

5

要介護認定

要支援・要介護はどのように決まる？

要支援・要介護度とは

介護保険制度を利用して介護サービスを受けるためには、要支援・要介護認定を受けなければなりません。**要支援には1と2**があり、それより介護状態が重くなると要介護となり、**要介護は1から5**までに分かれています。

要支援も要介護も、身体上もしくは精神上の障害があるため、入浴や食事、排せつなどについて介護を必要とする状態を指します。要支援・要介護の数字が大きくなるほど介護状態は重くなり、その分、多くのサービスを受けることができます。大まかに言えば、要支援1は身の回りの一部にサポートが必要な状態で、最も重い要介護5はほぼ寝たきりの状態となります。

介護認定審査会の役割

介護認定のためにまず、市町村は申請者の自宅へ調査員を派遣し、**認定調査**を行います。それと同時に、申請者の主治医に対して**主治医意見書**の作成を依頼します。

一次判定では、認定調査の結果をもとに、介護の必要度をコンピュータで判定します。加えて市町村の付属機関であり、保健・医療・福祉の専門家などで構成される介護認定審査会において、要介護度および認定有効期間が決定されます。これが**二次判定**となり、要支援・要介護の**最終的な決定**となります。

この決定は、申請者に通知されるとともに、介護保険被保険者証に記載されます。

要支援・要介護が決まるまで

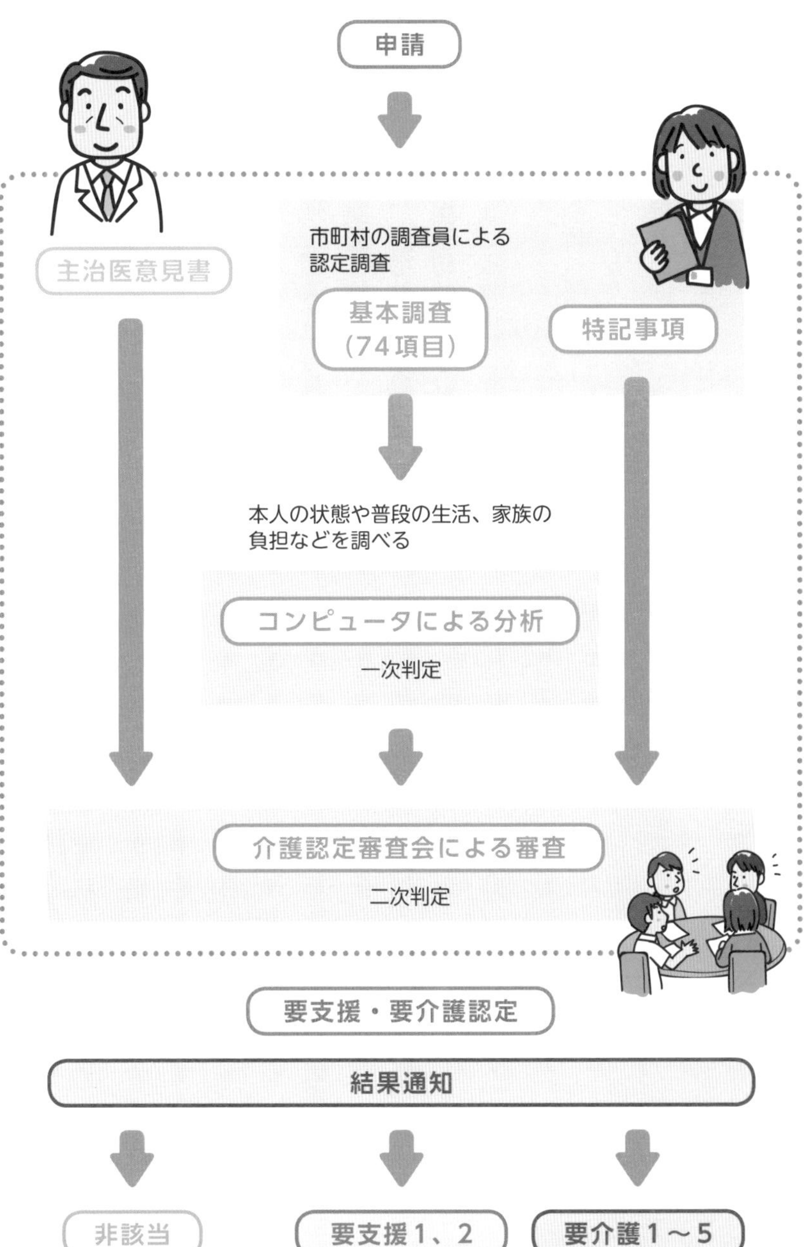

申請
主治医意見書
市町村の調査員による
認定調査
基本調査
（74項目）
特記事項
本人の状態や普段の生活、家族の
負担などを調べる
コンピュータによる分析
一次判定
介護認定審査会による審査
二次判定
要支援・要介護認定
結果通知
非該当
要支援1、2
要介護1～5

6
ケアプラン

ケアプランってどんなもの？

ケアプランは介護計画書

利用者への介護サービスはケアプランと呼ばれる計画書をもとに実施されます。

ケアプランには、**居宅サービス計画書**、**施設サービス計画書**、**介護予防サービス計画書**の3種類があり、短期的および長期的な目標が設定されています。

居宅サービス計画書は要介護1～5に認定された方が在宅介護を受けるのためのプランです。その対象は自宅で受ける訪問介護や通いで受けるデイサービスなどです。施設サービス計画書は、介護施設等に入所した際に作成されます。介護予防サービス・支援計画書は要支援1～2と認定された人が、介護予防サービスを利用するために作成されます。

面談をもとに最適なケアプランを作成

ケアプランは、主に**居宅介護支援事業所**に所属するケアマネジャーが作成します。

ケアマネジャーはケアプラン作成に当たって要介護者と面談し、本人の状態はもちろんのこと、本人や家族がどのような生活を望んでいるか、そのために必要なことなどを、把握する必要があります。

そして、要介護者一人ひとりの状態に基づいて介護サービス事業者の選定をし、サービスの種類や利用回数、料金などをまとめた原案を作成します。その後、本人や家族に介護職などを含むサービス担当者会議を開催し、本人や家族の同意を得た上で、ケアプランが完成します。

ケアプランができるまで

1.ケアマネジャーが利用者宅を訪れて、利用者や家族がいま困っていることを把握します。

2.ケアマネジャーがケアプランの原案をつくります。

3.ケアマネジャーを中心に、利用者や家族、サービスを行う介護職員などが集まり、サービス担当者会議を開き、ケアプランの内容を検討します。

4.サービスが始まります。

5.ケアマネジャーは、利用者宅を定期的に訪問し、不都合がないかを確認します。

<在宅のケアプランの例>

利用者　Aさん　78歳

1人暮らし。足腰が弱くなってきて、買い物などに不安がある。週末は長女が訪れる。

		月	火	水	木	金	土	日
早朝	6：00							
午前	8：00							
	10：00							
午後	12：00		通所介護			通所介護		
	14：00	訪問介護		訪問介護	訪問介護		訪問介護	
	16：00							
夜間	18：00							
	20：00							

7

サービス

介護保険にはどんなサービスがある？

自宅で受ける居宅サービス

要介護者は、介護保険を利用してさまざまなサービスを受けられます。**現在住んでいる自宅で受けられるのが居宅サービスです。**

その種類は多岐にわたりますが大別すると、**訪問サービス、通所サービス、短期入所サービス、**その他のサービスとなります。

訪問サービスはサービスの提供者が自宅を訪問して、買い物などの生活支援や食事などの介護、看護、リハビリなどを提供します。

通所サービスは、利用者が通う施設で提供されます。また、短期入所サービスは、利用者を一定期間、施設に受け入れてサービスを提供します。

施設で提供される施設サービス

介護保険サービスのうち、施設サービスには**介護老人福祉施設（特別養護老人ホーム）と介護老人保健施設、介護医療院**があります。介護老人福祉施設では、利用者を長期にわたって受け入れ、主に介護やレクリエーションなどのサービスを提供します。介護老人保健施設では、介護やリハビリ、介護医療院では、介護だけではなく医療処置などのサービスも提供します。

また、**地域密着型サービスは**、高齢者が住み慣れた地域で生活を継続でき、地域の特性に応じて多様で柔軟なサービスを提供するものです。

介護保険サービスのいろいろ

自宅で受けるサービス

食事や排せつ、入浴などの介助の他、掃除、洗濯、買い物などがあります。デイサービスセンターに通って、介護やリハビリ、レクリエーションなどのサービスを受けます。

施設に入って受けるサービス

介護老人福祉施設などに入所して、生活に必要な介護サービスやリハビリなどのケアを受けます。

地域密着型サービス

高齢者が住み慣れた地域で生活を継続できるように提供されるサービスです。

8 事業者

サービスを提供するのはどんな事業者？

介護保険法に基づく介護保険事業者

法人が新たに介護保険法に基づくサービスを行うには、介護サービスごとの指定基準（人員・設備・運営）を満たした上で都道府県や市町村に申請し、審査を経て指定を受ける必要があります。

居宅介護支援事業者とは

居宅介護支援事業者は、ケアマネジャーによるケアプランの作成、利用者への相談、説明などを行います。

居宅サービス事業者とは

居宅サービス事業者は、在宅の介護サービスを提供する事業者です。訪問介護や訪問入浴、訪問看護をはじめとして、通所介護や通所リハビリ、短期入所生活介護などがあります。

地域密着型サービス事業者とは

地域密着型サービス事業者は、要介護状態となった高齢者が住み慣れた地域で生活を継続できるようなサービスを提供します。訪問も通所も宿泊もできる小規模多機能型居宅介護、利用者が認知症になっても地域での生活を継続できる認知症対応型共同生活介護などが代表例です。

介護保険施設とは

介護保険施設とは、利用者が入所する介護老人福祉施設（特別養護老人ホーム）や介護老人保健施設、介護医療院などのことです。

主な介護事業者

居宅介護支援事業者

ケアマネジャーによるケアプランの作成

居宅サービス事業者

訪問介護や訪問入浴、通所介護、訪問看護など

地域密着型サービス事業者

高齢者が住み慣れた地域でいつまでも変わらぬ生活を送るためのサービスを提供

介護保険施設

介護老人福祉施設や介護老人保健施設、介護医療院

column

介護の先駆者から見た変化と成長の40年
～介護業界は低賃金？～

私は大学卒業後、80年代半ばに介護業界に入りましたが、当時は施設でさえ東京都でも僅かしかありませんでした。都内の特養を回り、最も感銘を受けた施設長のいる施設に就職しましたが、その際両親に「一般企業に勤めれば退職金もあるし、地道に働けば家も買える。小さな企業に勤めてきたが地道に暮らせば自分たちのように子どもを私立に通わせたり、アパートを経営することもできる。介護の世界ではそれが難しいのではないか」と反対されました。それを振り切りこの世界に入りましたが、確かに低賃金であり、企業に勤めた弟とは入社式から給与まで、驚くほど差があったことを今でも覚えています。両親の言葉通り、実際に結婚・子育てを理由に介護業界を離れる人間を残念ながら何人も見てきました。あれから早40年余り、この業界も、「措置」から「契約」に、介護保険・企業参入、事業所の数も驚くほど増え、介護業界も大きく様変わりしました。しかし未だに低賃金を耳にすることもあります。

人材難の介護業界では常勤として勤務することは難しいことではなく、少し経験を積めば400万円以上も可能です。確かに企業の中でスキルアップ・キャリアアップを積み重ねた人間との差は大きく開くのでしょうが、今では施設の管理者や企業のエリアマネジャー・役員さえ目指せるチャンスも大きく広がっています。自分の時間やお金を使ったさまざまな自己研鑽、介護福祉士取得は当然のこと、5年経験があれば介護支援専門員を取得、専門職としても研鑽、さらには財務会計や労務管理等さまざまなスキルを身に付け、さらに上を目指し、「介護業界は低賃金」などとは言わせないという気概を持つ人間がひとりでも多く育つことに期待する今日この頃です。

介護福祉士　介護支援専門員　井上和男

第2章

介護に関するお金のしくみ

介護業界で仕事をするなら知っておきたい介護保険の財源やお金の流れについて説明します。

1

財源

介護保険サービスは税金と保険料でまかなわれる

利用者は1割〜3割の負担

介護保険制度は、高齢者の介護を社会全体で支えるために制定されました。利用者の負担を少なくするために、介護にかかわる費用を、第1号被保険者や第2号被保険者、市町村、都道府県、国がそれぞれお金を出し合ってまかなっています。

介護サービスを受けた場合、**利用者が負担する費用は、♣サービス利用料の1割〜3割です。残りは市町村が負担**しています。

市町村が負担する分の**財源は、50パーセントが介護保険料、残りの50パーセントが税金**で構成されています。この財源となる介護保険料は、65歳以上の人による第1号被保険者が支払う介護保険料と、40歳以上64歳までの人による第2号被保険者が支払う介護保険料を合計したものです。前者と後者の負担の割合は、その人口比に基づいて決められています。

財源となる税金の内訳

介護費のうち市町村が負担する分の財源となる税金は、財源全体の12・5パーセント、その他、国が25パーセント、都道府県が12・5パーセントとなっています。そして国は、25パーセントのうち5パーセントを調整交付金として用いています。

調整交付金とは、市町村によって75歳以上の高齢者の比率や所得水準が異なる財政力の差を解消するためのものです。

♣**サービス利用料**：利用者の収入によっては2割または3割になることがある。

介護保険の財源

介護保険給付費の負担割合

公費（税金） ＋ 65歳以上　保険料
40～64歳保険料

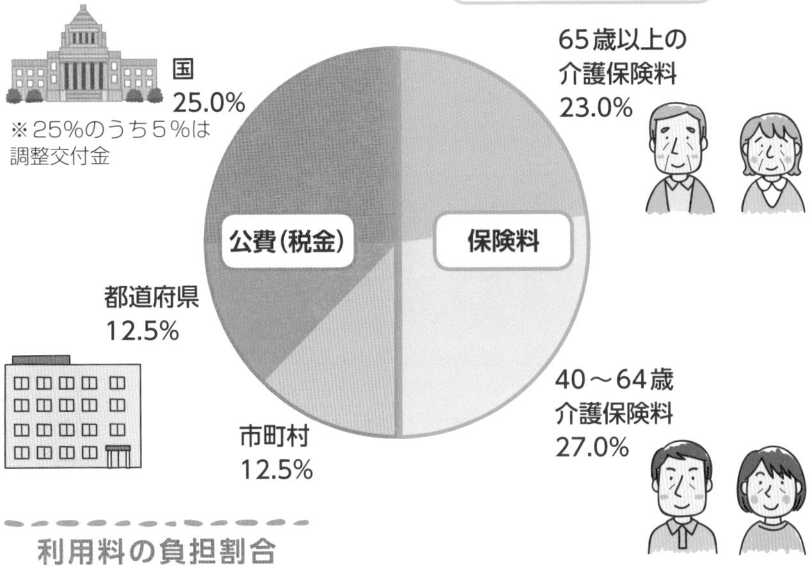

公費（税金）	国	25.0%
公費（税金）	都道府県	12.5%
公費（税金）	市町村	12.5%
保険料	65歳以上の介護保険料	23.0%
保険料	40～64歳介護保険料	27.0%

※25%のうち5%は調整交付金

利用料の負担割合

例：訪問介護の費用が月5,000円かかったとします。

1割（500円）が利用者から、9割（4,500円）が介護保険から事業者へ支払われることになります。

※1割負担、地域区分10円の場合

各サービスの料金はだれが決めるの？

単位を基準に算定

介護保険サービスの料金である介護報酬は、保険料と税金が投入されていることから、**厚生労働大臣の審議会の一つである社会保障審議会の答申を受けて決定**されています。

介護保険が適用されるサービスは、利用者が全国のどこの市町村で受けても1割～3割の負担です。

介護サービスは国がサービスごとに価格を決めていて、この料金の算定の基本になっているのが「単位」です。基本は、**1単位を10円として計算します。**

例えば、訪問介護の身体介護（20分以上30分未満の場合）では、244単位×10円となり、介護事業者はそのうちの9割～7割を国民健康保険団体連合会（国保連）に請求（→P61）、1割～3割を利用者に請求します。

そして、1単位の単価は地域やサービス内容によって加算され、最大11・40円となっています。

地域差を考慮して料金設定

国の定める**介護報酬は地域による賃金の差が考慮されています。**日本全国の市町村を「1級地」から「7級地」、そして「その他」と8つの地域に分けています。物価や人件費の高い東京23区は「1級地」となります。利用料は「介護報酬」×「サービスごとの加算」×「地域単価」となります。

サービス料はほぼ全国一律

地域ごとの1単位の単価

（令和６年４月１日現在）

			１級地	２級地	３級地	４級地	５級地	６級地	７級地	その他
上乗せ割合			20%	16%	15%	12%	10%	6%	3%	0%
人件費割合	①	70%	11.40円	11.12円	11.05円	10.84円	10.70円	10.42円	10.21円	10円
	②	55%	11.10円	10.88円	10.83円	10.66円	10.55円	10.33円	10.17円	10円
	③	45%	10.90円	10.72円	10.68円	10.54円	10.45円	10.27円	10.14円	10円

出典：厚生労働省　「介護保険事務処理システム変更に係る参考資料（令和６年３月28日事務連絡）」

人件費割合のサービス

①訪問介護／訪問入浴介護／訪問看護／居宅介護支援／定期巡回・随時対応型訪問介護看護／夜間対応型訪問介護

②訪問リハビリテーション／通所リハビリテーション／認知症対応型通所介護／小規模多機能型居宅介護／看護小規模多機能型居宅介護／短期入所生活介護

③通所介護／短期入所療養介護／特定施設入居者生活介護／認知症対応型共同生活介護／介護老人福祉施設／介護老人保健施設／介護療養型医療施設／介護医療院／地域密着型特定施設入居者生活介護　／地域密着型介護老人福祉施設入所者生活介護／地域密着型通所介護

地域区分（例）

１級地……東京23区（特別区）

２級地……神奈川県横浜市・川崎市、大阪府大阪市など

３級地……埼玉県さいたま市、千葉県千葉市など

介護報酬の算定式

サービスごとに算定した単位数 ✖ サービスごと、地域ごとに設定された１単位の単価（10円～11.40円） ＝ 事業者に支払われるサービス費（１割～３割は利用者の自己負担）

出典：厚生労働省　社会保障審議会資料「介護報酬について」

3

介護報酬

介護報酬はどのように決まる？

介護報酬は事業所や施設への対価

利用者が介護保険が適用される介護サービスを受けた場合、**介護サービスを提供した事業者や施設に支払われるのが介護報酬です。**介護を担当した人に支払われる対価のことではありません。

介護サービスの利用料は料金の1割～3割を利用者が事業者に支払い、残りの9割～7割が保険者から（→P61）事業者に支払われます。

介護報酬は、国が決める介護サービスの「定価」です。介護報酬は、前回の改定が介護事業者の経営にどのような影響を与えたのかを検証しています。さらに、社会保障全体の財政状況、利用者の状況を考慮して厚生労働大臣が社会保障審議会の答申を受けて決定しています。

3年ごとに行われる改定

2000年に介護保険制度が施行されて以降、**介護報酬はおおむね3年ごとに改定**されています。そして、2024年度には1・59パーセントのプラス改定となりました。

介護報酬のプラス改定は、**介護事業者にとって収益増加が見込まれる一方で、利用者には介護サービスの利用料金の値上げとなります。**事業者にとって問題となるのはサービスごとの単価です。2024年度の介護報酬改定では、訪問介護の本体報酬単価が引き下げられました。これは厚生労働省の調査で訪問介護サービスの利益率が高かったことが、報酬引き下げの根拠の一つとされています。

報酬はサービスごとに設定

訪問介護の場合		介護報酬（円） 1単位10円の地域、 1割負担の場合	単位
身体介護が中心である場合	20分未満の場合	1,630	163
	20分以上 30分未満の場合	2,440	244
	30分以上 1時間未満の場合	3,870	387
	1時間以上の場合	5,670	567 ※30分を増すごとに＋82単位
生活援助が中心である場合	20分以上 45分未満の場合	1,790	179
	45分以上の場合	2,220	220
通院等のための乗車又は降車の介助が中心である場合		970	97

出典：厚生労働省 「令和６年厚生労働省告示第86号」

（例） Aさんが20分以上45分未満の生活援助を月に４回行った場合

介護報酬の単位数	×	1単位	×	利用回数	＝	介護報酬の額
179単位		10円		4回		7,160円

（利用者負担：716円）
※１割の場合

※サービスごと、地域ごとの単価10円の場合

4

請求

介護事業所の収入の流れはどうなっているの？

介護報酬の請求

介護保険法の指定を受けた介護サービス事業者は、利用者と面談してサービス内容の説明を行い、ケアプランの契約を結びます。事業者が提供する介護サービスはケアプランに則したものでなければなりません。

介護報酬を得るには、事業者が利用者ごとに行ったサービスの内容をデータ化し、請求書（介護レセプト）を作成し、1か月ごとに国民健康保険団体連合会（国保連）に請求、介護報酬を得ます。

それと同時に、事業者は利用者にサービスの1～3割分を請求します。利用者の利用料の回収もれを防ぐために、銀行口座引き落としや集金代行サービスを利用する事業者も少なくありません。

介護報酬の支払い

国保連は、介護サービス事業者に加えて、居宅介護支援事業所（ケアマネジャー）からもサービス実績の報告を受けます。居宅介護支援事業所では、国保連に提出する居宅介護支援介護給付費明細書と給付管理票を作成し、提出しなければなりません。そして、双方のサービス実績のデータを突き合わせて、**内容に不備や誤りがなければ、翌々月の月末までに介護サービス事業者へお金が支払われます。**

もし、双方の書類の内容が合致していなければ、双方に差し戻され、国保連に再請求することになります。

介護報酬の支払いの流れ

介護サービスの利用者は、事業者に対して利用料の１割～３割を支払います。残りの９割～７割は市町村に納められた保険料から国保連を通じて事業者に支払われます。

5

利益

制度が変わると事業者の収益も変わる？

制度の改正が利益を左右する業界

介護保険制度は定期的な改正が繰り返されています。そして、介護報酬もおおむね3年ごとに見直されています。例として、2015年に実施された改正が介護サービス事業者の収入にどれほど影響を与えたかを見ていきましょう。この時の改正では、介護事業者は他業種に比べて利益率が高いという理由から、介護報酬は、全体で2・27パーセント引き下げられました。これによって、介護事業を撤退に追い込まれた事業者も少なくありませんでした。しかしながら、**制度改正の波を受けながらも着実に利益を増やしている事業者も存在します。**

国の制度の行き先を見極める事業者は堅調

一方、2018年の制度改正を例に見てみると、介護報酬はプラス改定となりました。ただし、介護報酬はサービスごとに増減が決まることから、すべてのサービス報酬が上昇したわけではありません。特に通所介護についてはリハビリに力を入れている事業者にとっては追い風になりました。なぜなら、基本報酬は下がりましたが、利用者の♣ADL維持・改善実績に応じて収入が得られる新しい加算ができたからです。つまり、**国の施策の方向性を見極め、利用者のニーズに応えるサービスをしている介護事業者は、制度の変更があっても生き残ることが可能**と考えられます。

♣**ADL**：日常生活動作と言い、起床、着替え、移動、食事、トイレ、入浴など日常動作のことを言う。

制度と収益

介護サービスの価格は、3年に一度見直されます。改定前に対して3年ごとの改定で生じる介護報酬の上げ幅・下げ幅を介護報酬の改定率といいます。

介護報酬改定率の推移（%）

介護報酬はサービス事業者にはコントロールできません。

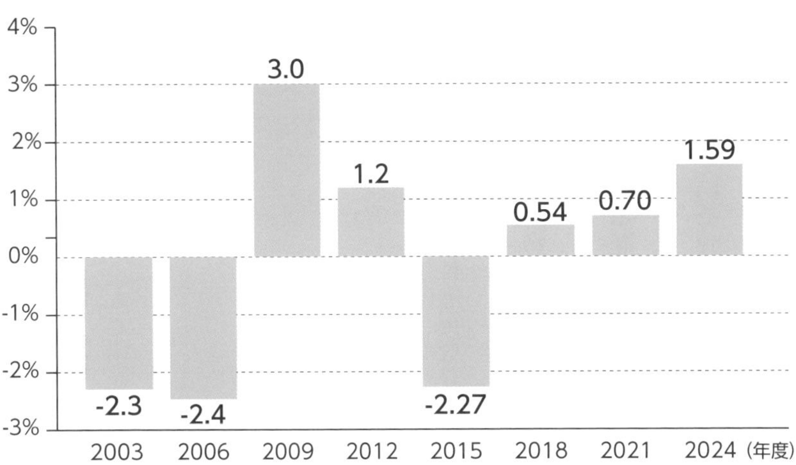

出典：厚生労働省「令和6年介護報酬改定について」をもとに作成

通所介護の事業所数の推移

事業者は3年ごとに見直される国の施策をもとに経営計画を立てます。

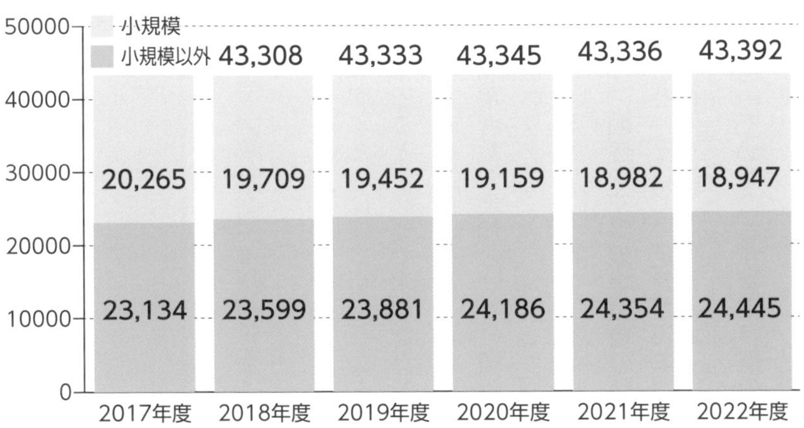

出典：厚生労働省　社会保障審議会　介護給付費分科会（第219回）

6

経営状態

介護事業所の経営状態っていいの？

多種多様な経営状態

介護事業者の経営には濃淡があり、一概に比べることはできません。介護保険には、さまざまなサービスがあり、サービスによって人員配置、必要な資格者、設備などが異なり、収益性も異なります。さらに、営利法人、非営利法人など事業主体の運営・経営方針によって、介護職員への賃金の分配や内部留保などの水準も異なります。**介護事業は国が決めた制度の中で行う事業のため、大儲けはできませんが、安定した事業**であると言えます。その中で、**利益を出している介護事業者は存在します。**当たり前のことですが、法人の経営状態によって、支払われる賃金も異なります。

経営状況の良い事業者に共通すること

介護事業の経営も一般の会社の経営と変わりません。売上を拡大するためには、利用者数を増やし、経費節減をすることが必要です。ただし、介護事業はサービスごとに職員の配置人数が決められているため、利用者数の増加とともに職員も増やしていく必要があります。

経営が安定している法人は、働く介護職員の定着を高めるために、**働きやすい職場環境の整備に力を入れていること。そして、定員が決まっているサービスでは利用者定員を維持し続けること、常に経費節減に努めていることが事業存続の条件と言えるでしょう。**つまり、制度の中にあっても、経営能力が試されているのです。

介護施設の運営の基準

人員基準

・配置スタッフと人数
・スタッフの資格
・常勤管理者の有無など

設備基準

・専用室・区画の有無
・必要な設備・備品の有無
・専用区画の面積など

運営基準

・計画の有無
・スタッフの勤務体制
・利用者の定員など

（例）

管理者

介護職員

常勤看護師

（例）

車いすが使える

１人あたり３㎡

（例）

計画

記録

特別養護老人ホームの例（人員基準）

人員基準は常勤換算という計算方法です。

介護職員　利用者３人に対して１人以上

利用者

３人

介護職員

１人

利用者

５人の場合

２人必要

7

給料

介護職員の給料はどうやって決めているの?

訪問介護を例に見る売上

介護職員の給料は、事業者によって異なります。ただし、会社である以上、当然ながら入ってくる売上以上の給料を払うことはできません。**介護保険制度の中で介護サービスは国が決めたサービス価格である介護報酬を主な収入源としているため、給料を高くしたくてもできない切実な理由があるのです。**例えば、訪問介護における介護報酬を例に考えてみましょう。訪問介護の身体介護30分以上1時間未満の報酬は、3,870円(10円の場合)になります。この金額から訪問介護員の時給が支払われます。訪問介護員に平均的な時給である1,500円を払った場合、残りは2,370円。これが事業所の取り分になります。この取り分から介護事業者は、事務所の家賃や通信費、福利厚生費など、さまざまな経費を支払わなくてはなりません。

他のサービスの単価はどうなっている?

一方、通所介護では、7時間以上8時間未満のサービスの場合、要介護1では6,580円、要介護3では9,000円の売上となります。これが1日1人の売上額です。訪問介護も通所介護も、この金額に加えていくつかの加算などが上乗せされます。しかし、介護サービスはサービス単価が決められている以上、**売上を上げるためには、利用者のサービスの回数やサービス時間を増やすとか、年中無休など営業日を増やす**ことしかないことがわかります。

介護職員の給料

事業所は国が決めた介護サービスの金額を基に事業を運営しています。

利用者負担

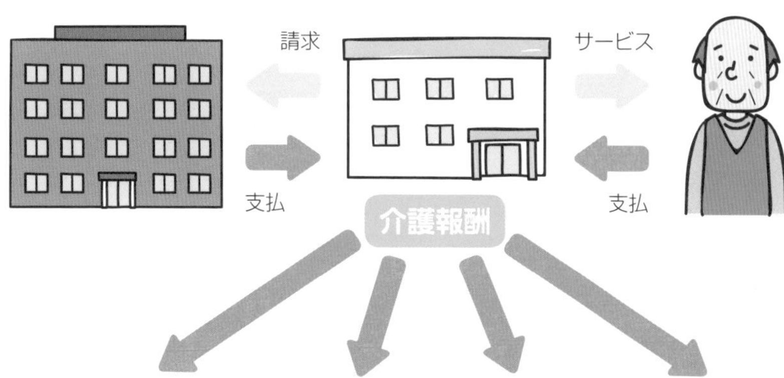

職員の給料（人件費）　光熱費　通信費　事業所の家賃　など

経営状態が良い事業所

従業員の定着率が良い

- 人材採用にかかる経費を節約できる
- 入居希望者をすぐに受け入れられる

など

給料が良い

経営状態が悪い事業所

従業員の定着率が悪い

- 人材採用の経費が必要
- 人手が足りないため入居希望者を受け入れられない

など

給料が悪い

8

キャリア

介護の仕事の給与の平均は？

加算による平均給与の上昇傾向

給与は事業所ごと、介護サービスの種別、雇用形態、保有資格や役職の有無によって大きく変動します。また、処遇改善に関連する加算の種類とその組み合わせによっても変動が見られます。厚生労働省の調査（２０２２年）においても、処遇改善のための加算を取得している介護事業所では、平均給与が年々上昇しています。この加算は国が設けた制度で、介護職員の給与を引き上げる目的で提供されています。具体的には**「介護職員処遇改善加算」、「介護職員等特定処遇改善加算」、「介護職員等ベースアップ等支援加算」の3つがあります。また、これらは、令和6年度から「介護職員等処遇改善加算」として統合**されます。

介護労働安定センターの2022年調査結果

介護の仕事の給与実態は、通常月の税込み月収が「20万円以上25万円未満」が26・0％と最も一般的な収入範囲で、次に「15万円以上20万円未満」が19・7％でした。平均月収は21万4，501円です。無期雇用職員の中では、すべての職種で「20万円以上25万円未満」の範囲が最も多く見られます。ただし、これらの数字は全介護職員の平均であり、勤続年数、賞与、残業代、休日出勤手当などを除いた金額です。

応募者は採用時の面接で、事業者が職員の給与についてどのように考えているか、**また国の加算をどのように配分（基本給、手当、一時金など）しているかを確認**することが望ましいです。

介護の仕事の給料

介護職員の処遇改善に係る加算全体のイメージ

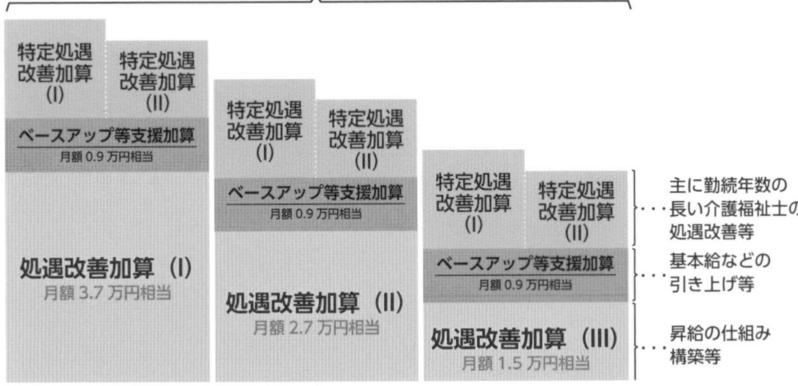

出典：厚生労働省HP「介護職員の処遇改善」を改変

通常月の税込み月収（4職種別　―無期雇用職員のみ―）

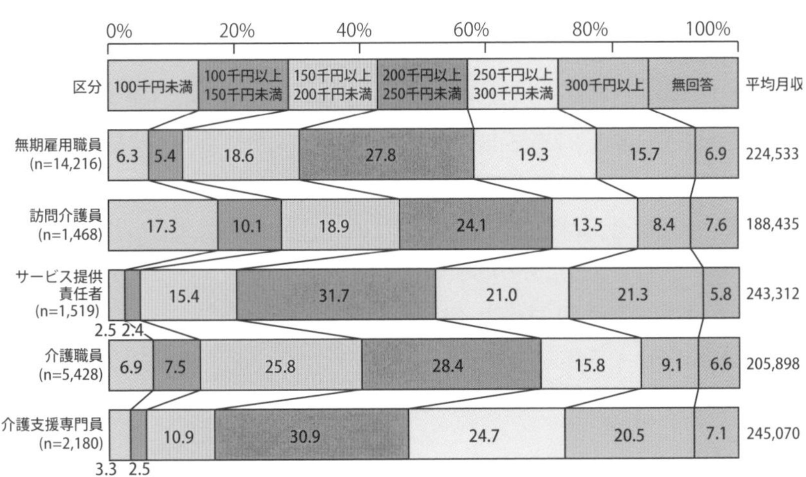

（注）月収は、賞与、残業代、休日出勤手当を除き、通勤費等毎月決まって支給される各種手当を含む。

出典：介護労働安定センター「令和４年度介護労働実態調査」

column

認知星人との８年間
～家庭での介護から学ぶ大切なレッスン～

８年間の父の在宅介護を終えた今、「認知症と介護の知識があって良かった」とつくづく感じています。在宅介護が始まった頃は、父の突飛な行動や言動にイライラする毎日でしたが、周辺症状が現れている状況の父を「認知星人に変身している」と解釈し、認知星人には認知星人の考え方や常識があり、地球人である私の考え方は認知星人にとっては非常識だったりすると思うことにしたのです。そして、なぜ怒っているのか？　なぜ拒否するのか？　その原因を探り父が納得してくれるような「作戦」を考えた接し方をしました。例えば、「俺は王家の人間だ、下々の者には着替えをさせない」と拒否したときには「今、侍従を呼んで参ります」と告げいったん退出し、「侍従の指示を受けてお着替えのお手伝いに参りました」といった具合です。このときの「作戦」は見事に的中し、すんなり着替えてもらうことができました。するとだんだん次は「認知星人」がどんな方法で「攻撃」を仕掛けてくるか、どんな「作戦」で解決しようかしら？　と気が付けば楽しんで介護ができるようになりました。これも、認知症の知識があったことが役に立ったと思っています。

父は、亡くなる数か月前から終末期の症状が現れだし、食べる量も減り飲み込む力も衰え始めました。そんなとき、飲み込みやすくするために、椅子の高さを変えたり、食べる姿勢を正したりして誤嚥を起こさないように注意する、歩行介助の手引きや、オムツの交換など「持っていてよかったヘルパー２級（現：介護初任者研修)」と思ったほどです。

また、８年間通ったデイサービスの職員の皆様には本当に助けられました。歩行がおぼつかなくなった父のために、車いすでの対応をしていただいた他、デイサービス利用中の点滴にも応じてくださり、細かな変化も報告してくれました。父が最期まで自宅で過ごすことができたのも、私が介護と仕事の両立ができたのも、父に携わってくださった職員の皆様がいたからこそと、感謝の想いでいっぱいです。

介護コーディネーター　黒川玲子

第3章

介護サービスに関わるスタッフ

介護サービスにはさまざまな職種の人たちが関わっています。どのような職種があるのか、その人たちがどのような仕事をしているのかを説明します。

1

介護職

さまざまな資格がある介護の仕事

入門的研修修了者（21時間研修）

2018年に新たにできた介護に関心を持つ未経験者が介護の仕事に対する不安を払拭するための研修です。**施設などで働くことはできますが、**訪問介護の仕事はできません。

生活援助従事者研修修了者（59時間研修）

こちらも2018年にできた新しい研修です。この研修を修了すると**訪問介護の「生活援助」が行えます。**

介護職員初任者研修修了者（130時間研修）

研修修了試験に合格すれば、**在宅サービス、施設サービスを問わず、介護サービス全般で働くことのできる資格です。**

実務者研修修了者（450時間研修）

初任者研修の上位にある資格で、**介護福祉士国家試験の受験資格となる研修です。訪問介護事業所の♣サービス提供責任者**になることができます。

認知症介護基礎研修

2024年4月から、「認知症介護基礎研修」の受講が義務化されました。医療・福祉関係の資格がない介護職員は、介護の仕事に携わる際に研修を受ける必要があります。研修では、認知症の理解、コミュニケーション技術、安全な介助方法など、認知症の方々に適切なケアを提供するための基礎知識や技術を学びます。

♣**サービス提供責任者**：ケアプランに基づいて訪問介護計画書を作るとともに訪問介護員の管理・指導・育成を行う。

介護職の資格

入門的研修修了者

働ける職場の例

・介護保険施設の介護職員
・通所介護などの介護職員
・認知症グループホームなどの介護職員

生活援助従事者研修修了者

働ける職場の例

・介護保険施設の介護職員
・通所介護などの介護職員
・認知症グループホームなどの介護職員
・訪問介護の生活援助のみ

介護職員初任者研修修了者

施設、訪問介護で生活援助、身体介護ができます。

実務者研修修了者

施設、訪問介護で生活援助、身体介護ができます。また、サービス提供責任者になれます。

認知症介護基礎研修

・認知症の人の理解や対応の基本、ケアの留意点などを学びます。
・eラーニング対応で6時間の研修受講をします。
・2024年度から完全義務化。

2

介護職

介護に携わる専門職

介護福祉士

介護福祉士とは**介護に関する専門職の国家資格**です。介護福祉士は、高齢者・障がい者の身の回りの世話をする介護から、利用者の生活全体に関わることで利用者の暮らしを支え、自立に向けた支援を行います。介護福祉士は介護業務の他、在宅介護の場合は本人や家族に対して、介護方法や生活動作に関する説明、介護に関するさまざまな相談にも対応します。

介護支援専門員（ケアマネジャー）

介護支援専門員とは**介護保険制度とともにつくられた公的資格**です。ケアマネジャーになるには、医療・福祉・介護の資格と経験を持ち、都道府県が実施する試験に合格する必要があります。

ケアマネジャーは、地域包括支援センター、居宅介護支援事業所、介護保険施設などでケアプランの作成とケアマネジメントを行います。

社会福祉士

社会福祉士は、**病気や障害、生活状況などのさまざまな理由によって日常生活に困難を抱えている人々の相談を受け、その生活に必要な支援を行う国家資格**です。

社会福祉士は地域包括支援センターや介護保険施設などで、生活相談員などの業務につきます。また、介護福祉士・社会福祉士資格は国家資格ですが、医師や弁護士のように「業務独占」の資格でなく、「♣名称独占」の資格となります。

♣**名称独占**：資格を持たない者が、その国家資格の名称を勝手に使用してはならないということ。資格を持っていなければ、業務につけないということではない。

介護に携わる専門職

介護福祉士（国家資格）

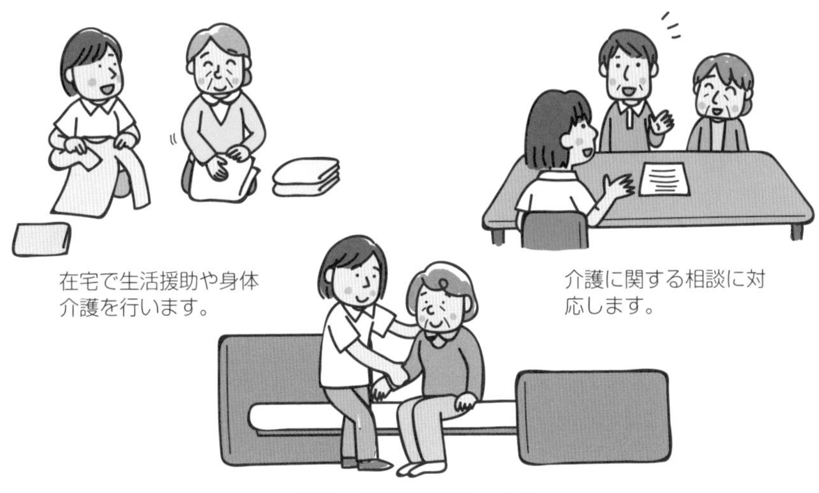

在宅で生活援助や身体介護を行います。

介護に関する相談に対応します。

施設で介護業務を行います。

介護支援専門員（ケアマネジャー）（公的資格）

ケアプランを作成し、ケアマネジメントを行います。

社会福祉士（国家資格）

日常生活に困難を抱えている人の相談にのり、支援を行います。

3

医療職

高齢者の療養を支える専門職

医師／歯科医師

医師の配置が定められている介護サービスは、特別養護老人ホーム、介護老人保健施設、介護医療院などがあります。医師は介護現場では積極的な医療行為は行わないものの、高齢者の療養を支える重要な役割を持っています。一方、歯科医師は通院できない患者に対し歯科診療などを行います。

保健師・看護師

保健師は地域包括支援センターなど、看護師は、訪問看護、通所介護、介護保険施設など、多くの介護の現場で活躍しています。現場において身近な医療職であり、**医師との連携を行う頼れる存在**です。

要介護高齢者が住み慣れた地域で安心して質の高いサービスを継続して受けるためには、医療職と介護職などが互いの役割を理解し、連携することが求められています。

薬剤師

薬剤師は介護老人保健施設などで調剤、療養管理指導で薬の飲み方の指導などを行います。

管理栄養士・栄養士

一人ひとりに合わせて**専門的な知識と技術を持って栄養指導・管理**を行います。管理栄養士・栄養士ともに高齢者の栄養・食事に係る大切な業務を行い、介護保険施設などで活躍しています。

療養を支える専門職

医師／歯科医師

高齢者の療養を支えます。

保健師・看護師

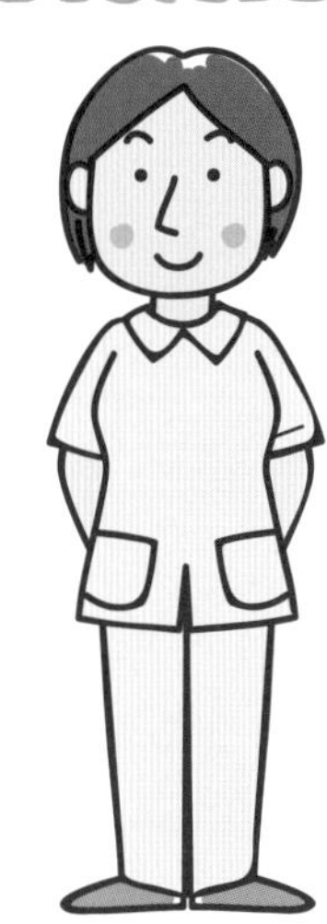

利用者に最も身近な医療職です。

薬剤師

調剤や薬の飲み方の指導を行います。

管理栄養士・栄養士

栄養指導や管理を行います。

4

機能訓練

機能訓練に携わる専門職

理学療法士（PT）

理学療法士は、筋力が低下していく高齢者に対して、**運動療法を用いて筋力低下の予防や、筋力の増強をはかる仕事**を行っています。また、腰痛や膝痛などを抱えている要介護者に対しては、電気や温熱を用いた物理療法も行います。

作業療法士（OT）

要介護者は入浴や排せつ、料理など、生活するための動作に支障を抱えており、支援なしではQOL（生活の質）の低下は避けられません。そこで、**工作や手芸などの作業を通じて、予防や回復を目指す**のが作業療法士です。

言語聴覚士（ST）

要介護者には、言葉が不自由になっている人や耳が遠くなっている人もいます。指導や訓練を通じて、**言語や聴覚機能低下の予防や回復を行う**のが言語聴覚士です。

高齢者にとって、命にかかわる肺炎の原因としてあげられる嚥下障害（食べる機能の障害）についても指導を行います。

はり師及びきゅう師、柔道整復師、あん摩マッサージ指圧師

それぞれ専門的な技術により痛みを取り除く他、デイサービスなどで機能訓練指導員として勤務し、運動機能の回復のための指導を行います。

機能訓練に携わる専門職

理学療法士（PT）

運動療法を用いて筋力低下の予防を行います。
理学療法士は、理学療法（Physical Therapy）の頭文字を取って「PT」とも呼ばれます。

作業療法士（OT）

工作や手芸などの作業を通じて、QOLの低下予防や回復を目指します。
作業療法士は、作業療法（Occupational Therapy）の頭文字を取って「OT」とも呼ばれます。

言語聴覚士（ST）

言葉が不自由になっている人や耳が遠くなっている人の訓練を行います。
言語聴覚士は、英語のSpeech-Language-Hearing Therapistの頭文字を取って「ST」とも呼ばれます。

はり師及びきゅう師、柔道整復師、あん摩マッサージ指圧師

専門的な技術により痛みを取り除いたり、運動機能の回復のための指導を行います。

5

その他

介護現場を支えるスタッフ

福祉用具専門相談員

福祉用具専門相談員は、介護保険でレンタルできる車いすやベッドなどを貸し出す事業所に配置が定められている職種です。他の介護保険サービスの専門職と連携しながら、**高齢者の自立した生活を、福祉用具でサポート**します。都道府県知事の指定を受けた「福祉用具専門相談員指定講習」を修了することで、福祉用具専門相談員として働く資格を取得することができます。

また、この講習を修了していない場合でも、看護師や理学療法士、作業療法士、社会福祉士、介護福祉士など国家資格保持者は、福祉用具専門相談員の業務にあたることができるとされています。

介護報酬請求事務職員

介護保険サービスを行っている事業所は、毎月、各都道府県にある国民保険団体連合会に対して介護報酬の請求を行います。この**介護報酬請求業務を行っているのが介護報酬請求事務職員と呼ばれる職種**です。資格は不要ですが、通信教育や専門学校で民間資格を学んで来る人もいます。

運転手（ドライバー）

通所介護などの送迎のあるサービスでは、ドライバーも重要な業務です。**普通運転免許があれば運転できますが、利用者の乗降の支援をするために、介護職員初任者研修修了資格を求められることもあります。**

介護のその他のスタッフ

福祉用具専門相談員

高齢者の自立した生活を、福祉用具でサポートします。

介護報酬請求事務職員

毎月の介護報酬の請求や、利用者への請求業務を行っています。

運転手（ドライバー）

デイサービスなどの利用者送迎に欠かせない存在です。

column

地域包括ケアシステムとは何ですか？

介護に携わる方は、「地域包括ケアシステム」という言葉を一度は聞いたことがあるに違いありません。

国は、全国各地で地域包括ケアシステムの構築を実現しようとしています。高齢者は重度の要介護状態となっても住み慣れた地域で自分らしい暮らしを人生の最期まで続けたいと願っています。地域包括ケアシステムとは、その地域の特性に合わせた**住まい・医療・介護・予防・生活支援**が高齢者に一体的に提供されるための「しくみ」のことを示します。

「地域包括ケアシステム」の概念はもともと1974年に広島県にある公立みつぎ総合病院の山口昇院長（当時）がつくったしくみが始まりであるとされています。山口医師は当時、病院に脳卒中や心筋梗塞で入院した高齢患者が治療を終えて退院したにもかかわらず、1、2年後に、それも多くが床ずれをつくり、おむつをあて、さらに認知症症状が進んだ状態で再入院することになってしまうことに対し疑問を持ちました。そして退院後の在宅調査によって見えてきたのが、当時の家庭内の介護力不足、不適切な介護です。

山口医師はこのような状況に対応すべく、看護や医療を家庭に「届ける」サービスを開始し、さらに医療と福祉の縦割り解消のために、町の保健福祉部門を病院内の健康管理センターに統合する組織改革を実施しました。このころから、町の保健医療福祉の総合化による「寝たきりゼロ作戦」に向けた実践を「地域包括ケアシステム」と呼ぶようになりました。

日本ではこれから20年間、高齢者の増大が見込まれます。高齢者が最期まで住み慣れた地域で安心して生きていくためには、さまざまな支援が必要です。地域包括ケアシステムを成功させるためには、サービスを提供する専門職がお互いを尊重し、協働できる体制づくりが望ましいと思います。

第4章

介護の仕事を知ろう（在宅編）

訪問サービスや通所サービスなど、在宅で受けることができるサービスについてわかりやすく説明しています。各サービスで仕事をした場合の1日の流れも理解できます。

1

居宅介護支援

ケアプランは一人ひとりにあわせた介護サービス

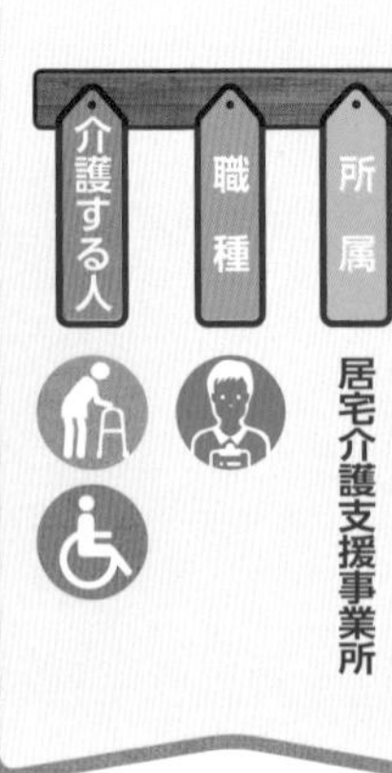

介護支援専門員の仕事とは

介護保険制度では、在宅の要介護者が介護サービスを利用する際には、ケアマネジャー（介護支援専門員）が作成したケアプランに従い利用者にサービスが提供されます。ケアマネジャーは、居宅介護支援事業所に所属し一人ひとりに合わせた**ケアプラン（居宅サービス計画）を作成し、ケアプランに位置づけたサービスを提供する事業所などとの連絡・調整などを行います。**また、これから介護保険のサービスを受けようと考えている高齢者やその家族の相談を受け付け、本人や家族の代わりに要介護認定の申請手続きも行います。ケアマネジャーは、利用者本位のサービスを提供するための要とも言える存在です。

介護支援専門員になるには

ケアマネジャーになるには、年1回、都道府県ごとに行われる**「介護支援専門員実務研修受講試験」**に合格することが必要ですが、受験するためにはいくつかの要件があります。例えば、社会福祉士・介護福祉士・看護師などの**国家資格を取得したうえで5年以上実務に従事した経験**や、相談・援助業務や介護サービスなどの直接的な援助業務に従事した経験などです。

ケアマネジャーとして居宅介護支援事業所で働くためには、この試験に合格した後、規定の研修を受け、都道府県に登録することが必要です。試験の合格率は年度にもよりますが、約10％～20％台で推移しています。

介護支援専門員の仕事

要介護認定に関する業務

要介護認定を受けるために本人や家族に代わり申請を行ったり、認定調査についても市町村からの委託を受け代行したりします。

ケアプランの作成

本人がどのようなサービスを必要としているのか個別のニーズを調査・分析し、ニーズに応じたケアプランを作成します。

利用者とサービス事業者の間の調整

利用者に必要なサービスを提供してくれる事業者や施設を探し、実際にケアプランを実行できるよう日程など連絡調整を行います。

給付管理

介護報酬を請求する際に介護サービスの実績と、居宅介護支援事業者と介護サービス事業者が提出した情報を照らし合わせて、チェックします。

2

訪問介護

利用者の生活を支える大切なサービス

訪問介護員の仕事とは

訪問介護は、ホームヘルプサービスとも呼ばれ、ホームヘルパー（訪問介護員）が要介護者などの居宅を訪問して、要支援者、要介護者に**身体介護**や**生活援助**を行う介護保険のサービスです。訪問介護員は介護福祉士などの有資格者であることが必要です。

自立のための見守りも身体介護

身体介護は、食事や入浴、排せつ、着替えなど**利用者の身体に直接接触して行う介助サービス**ですが、利用者の意欲の向上のために**利用者と共に行う自立支援・重度化防止のためのサービス**も身体介護に含まれます。この行為は、「見守り的援助」と言われ、利用者の自立を後押しし、「共に行う」支援になります。

生活援助は家事代行サービスではない

生活援助は、利用者が一人暮らし、家族が疾病などのため、**本人や家族が家事を行うことが困難な場合に行われる掃除、洗濯、調理などの日常生活の援助サービス**です。草むしりや大掃除などは生活援助のサービスとしては認められません。

通院等のための乗車または降車の介助

訪問介護には、通院等乗降介助というサービスもあります。これは、訪問介護員が利用者宅へ訪問して乗車前、乗車時、降車時、降車後の介助と病院などの受診支援を行うものです。

訪問介護の仕事

身体介護

排せつ介助、食事介助、服薬介助、清拭・入浴、身体整容、体位変換、移動移乗、外出介助、起床及び就寝介助、自立生活支援・重度化防止のための見守り

介護保険でできないこと

直接本人の援助にあたらない行為

- 利用者以外の洗濯、調理、布団干しなど
- 来客の応対
- 洗車

日常生活の援助に当たらない行為

- 草むしり
- ペットの世話
- 大掃除、床のワックスがけ
- ペンキ塗り、室内の修理

生活援助

掃除、洗濯、ベッドメイク
衣類の整理・被服の補修
一般的な調理、配膳、下膳
買い物、薬の受け取りなど

通院等のための乗降の介助

通院などのために、利用者宅へ車で訪問して乗車前、乗車時、降車時、降車後の介助を行う。

訪問介護の仕事の1日の流れ

必要な資格
- 生活援助従事者研修修了者
- 初任者研修修了者
- 実務者研修修了者
- 介護福祉士

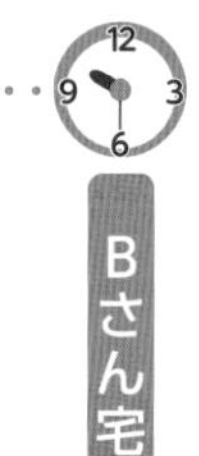

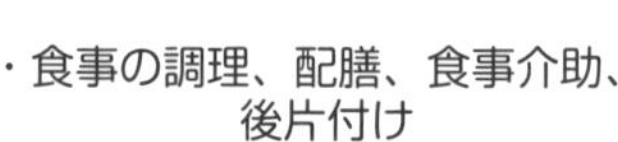

事業所に出勤
・訪問スケジュール確認

Aさん宅
・身支度とデイサービスの送り出し

Bさん宅
・食事の調理、配膳、食事介助、後片付け

昼休み

サービスは訪問介護計画書に沿って

ホームヘルパーは、ケアマネジャーのケアプランに沿って作成された**サービスの内容、提供手順、提供方法を決めた「訪問介護計画書」**に沿って利用者へのサービスを提供します。

常勤ヘルパーと登録ヘルパー

ヘルパーには♣常勤ヘルパーと登録ヘルパーがいます。**常勤ヘルパーは、その名の通り、訪問介護事業所に直接雇用される常勤職員**となり、事業所の定める勤務時間の中で複数の利用者の居宅を訪問します。利用者の居宅を訪問しない時間は、事務所において電話応対や書類作成など

♣**常勤とは**：厚生労働省令では、常勤は正社員という意味ではなく、勤務時間が事業所の就業規則に定めている勤務すべき時間に達していることを指す。

・Cさんと夕食の買い物

・食事の準備

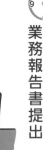

・入浴介助

を行います。**登録型ヘルパーは、いわゆる非常勤職員**です。あらかじめ決められた利用者宅を訪問し、サービスが終了したら事務所に戻り、記録の提出、あるいは直行直帰にて自宅に戻り、週末または月末に事業所に報告書を提出します。

個別ケアが学べる訪問介護

登録ヘルパー（非常勤）は、**働ける時間と日数を自分自身で決めることができる**ので、子育てと両立しながら働いている人、扶養内での勤務を希望している人など多様な働き方ができることがメリットです。同時に複数の訪問介護事業所に登録しながら働くことも可能です。訪問介護は一人ひとりの利用者に対して、利用者のペースや好みに合わせて介護を行うことができるので、利用者に合わせた**個別ケアを学ぶには最適な仕事**と言えるでしょう。

3

訪問入浴介護

自宅でお風呂に入るためのサービス

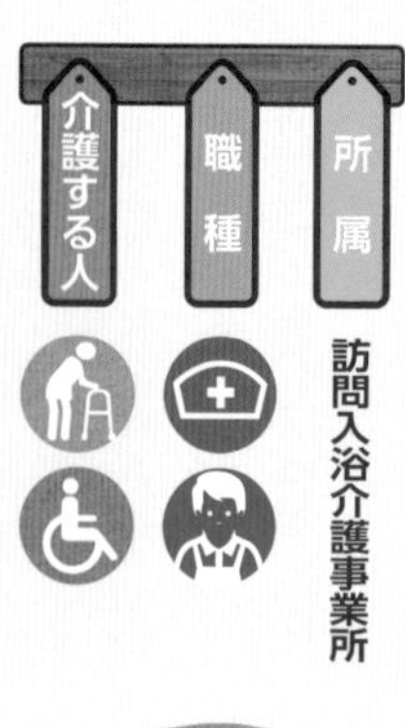

訪問入浴介護とは

訪問入浴介護は、①寝たきりのため、自力での入浴が困難な人、②自宅の浴槽が狭く、家族のサポートだけでは入浴が困難な人、③体調の変化が激しく、看護師のサポートがあるなかで入浴をさせたい人など、定期的に入浴を行うことが難しい要介護者対象のサービスです。**利用者の自宅を看護職員と介護職員が移動入浴車で訪問し、入浴の介助を行います。**実際に利用している人の約90％が要介護3以上の中重度者になります。

3人1チームの仕事

訪問入浴介護は、**職員3人（介護職員2人、看護職員1人）が、**1組となり、利用者宅を訪問して行います。組み立て式の浴槽を自動車に積んで利用者の居宅を訪問し、利用者の居宅に到着したら、浴槽を設置し、お湯を溜めて入浴の介助を行います。

利用者のその日の体調などで全身浴ができない場合は、シャワーなどで洗髪や陰部洗浄、手・足だけの「部分浴」を行うこともあります。また、しめらせた布で体を拭く「清拭（せいしき）」だけを行う場合もあります。

収益が安定したサービス

訪問入浴介護事業所の数は年々減少しているにもかかわらず、サービス利用者は増加しており、結果として、訪問入浴サービス事業者の収益は増加傾向にあります。

訪問入浴介護の仕事

❶ 健康状態のチェック

看護師が入浴前に血圧、体温、脈拍などのチェックをします。体調によっては、足浴や清拭に変更することもあります。

▶

❷ 入浴の準備

介護職員が防水シートや簡易浴槽の設置、お湯はり、脱衣介助を行います。

❸ 入浴介助

浴槽に移動し、身体や髪を洗います。入浴介助をしながら、皮膚が乾燥していないか、傷がないかなどを確認します。

▶

❹ 入浴後のケア

介護職員が水分補給や着衣介助を行い、看護師が入浴後の状態をチェックします。浴槽などの備品を消毒し、片づけます。

訪問入浴介護の仕事の1日の流れ

必要な資格

- 初任者研修修了者
- 実務者研修修了者
- 介護福祉士
- 看護師

事業所に出勤

・訪問スケジュール確認

Aさん宅

・車から浴槽を移動

Bさん宅

・入浴介助

午前中
2〜3件訪問

昼休み

相談や協力をしながら業務を進められる

訪問入浴介護サービスは、常に行動を共にするスタッフがいるので、相談や協力をしながら業務を進めることができます。

このサービスに同行している看護師は、医療行為を行いません。訪問入浴介護は介護保険サービスの**「訪問介護」の一種にあたるため、看護師の仕事は「バイタルチェック」「湿布の張り替え」「軟膏の塗布」など、健康状態の確認が中心となっています。**看護師はバイタルチェックとともに入浴前、入浴後の利用者の体調に変化がないかを確認することも重

・健康チェック

・足浴

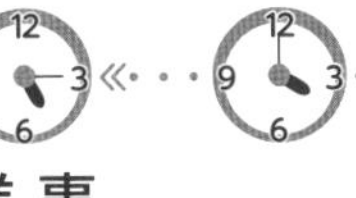

・入浴後のケア

事業所に戻り
業務報告書提出

要な役割となります。

もし、利用者に何らかの変化が認められたときはケアマネジャーに連絡をして、必要な措置を取ることになります。

勤務時間が決まっているサービス

訪問入浴介護は日中サービスであり、夜勤はありません。そして1件あたりに要する時間は到着から次の移動まで、約1時間程度と言われています。訪問入浴介護のチームは、決まった訪問スケジュールに沿ってサービスを行っています。

チームで次の訪問先に行かなくてはならないため、ある利用者のところに長居してしまうと、その後の仕事に多大な影響が出てしまいます。このため、時間を守って働くことができ、比較的残業の少ないサービスとも言えます。

4 訪問看護

看護師が療養上の世話や診療の補助を行う

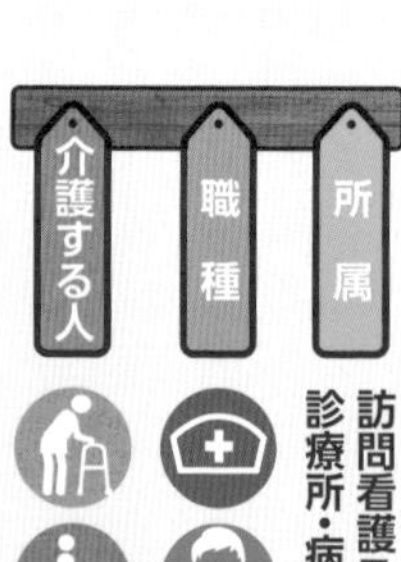

介護保険の訪問看護

訪問看護は、訪問看護ステーションや病院・診療所の**看護師が療養上の世話や診療の補助などを要介護者に行うサービス**です。

対象者は病状が安定期にあり、訪問看護が必要であると主治医が認めた要介護高齢者です。認知症のケアが必要な場合や寝たきりで医療的ケアが必要な場合、末期がんなどターミナルケアが必要な場合など多岐にわたります。

訪問看護サービスは主治医との連携のもと、保健師、看護師、准看護師、理学療法士、作業療法士、言語聴覚士が行うことができます。

「**療養上の世話**」とは、**医療的なケアが必要な要介護者に対して、食事や排せつの介助、清拭などの療養をしていく上での支援を行うこと**です。

「**診療の補助**」とは、**医師の指示の下で行う採血、注射などの医療行為のこと**を言います。他に看護師は服薬の管理やたんの吸引、胃ろう、点滴などの管理も行います。その他、療養のための相談や支援、看取りも含まれます。今後需要が増えていくサービスです。

医療保険が適用される場合も

要介護認定を受けている場合、原則として医療保険より介護保険が優先されますが、末期がんや筋萎縮性側索硬化症（ＡＬＳ）など厚生労働省が認める病気、急に容体が悪くなって何度も訪問看護が必要となる場合には医療保険が適用となります。

※要支援の人は介護予防訪問看護を利用します。

訪問看護の仕事

日常生活の看護

・健康状態の観察、悪化防止の支援
・栄養・食事摂取などのケア
・排せつや清潔などのケア
・寝たきりや床ずれの予防
など

医療的処置・管理

・服薬指導
・床ずれの処置
・医療機器の管理
・その他医師の指示による処置
など

ターミナルケア

・倦怠感、苦痛の緩和
・精神的支援
・療養環境の整備
など

リハビリテーション

・機能回復や維持
・関節の拘縮予防、歩行訓練
など

介護者の支援

・日常の健康相談
・看護、介護方法に関する相談

諸機関との調整や連絡

・主治医の先生への報告
・ケアマネジャー、介護事業所への連絡

5

訪問リハビリ

自宅でリハビリの指導をする

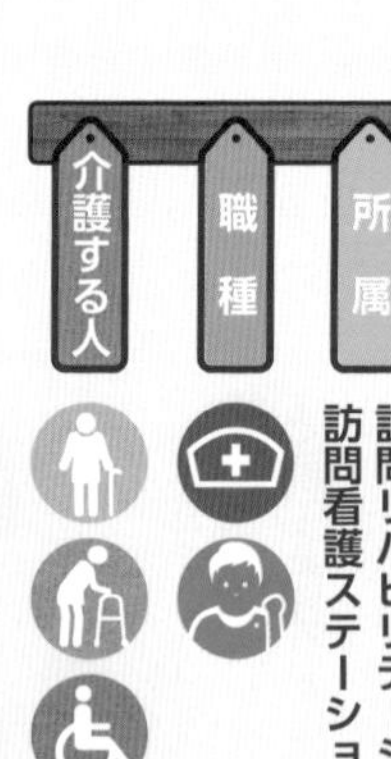

訪問リハビリテーションとは

訪問リハビリテーションは、♣病院や診療所、介護老人保健施設の理学療法士・作業療法士・言語聴覚士が医師の指示に基づき、通院が困難な利用者の自宅を訪問して、リハビリテーションを行うサービスです。

高齢者のためのリハビリとは

高齢者のリハビリには、腕や足などが動かないまたは動きづらくなった機能を動くように回復させるリハビリの他に、**寝たきりにならずに自立した生活を送れることを目的として日常生活全般の動作を問題なく行えるようにするためのリハビリ**があります。

寝たきりや、車いすに長時間座ったままで起こる機能低下防止や、身体面・精神面での活動性の向上が目的です。高齢者のためのリハビリは、できることはできるだけ自分で行ってもらうという、自立を促すリハビリです。さらに、利用者の生活の活性化に向けた社会性の獲得、社会参加を組み入れたリハビリも行われています。

訪問リハビリの訓練内容

訪問リハビリの訓練内容は、関節や筋肉を動かすこと、姿勢の保持、座る、立つ、歩く訓練から始まり、入浴や排せつ動作などの訓練の他、言語聴覚士が行う言語機能（話す）や嚥下機能（食べ物の飲み込み）訓練があります。

♣**病院と診療所**：ベッド数20床以上は「病院」。19床以下またはベッドがない施設を「診療所」と定めている。（医療法第１条の５）

訪問リハビリの仕事

理学療法士（PT）

- **歩行訓練**
  - ・安定した歩行の訓練
- **体力向上**
  - ・筋力や持久力をつける運動。外出訓練
  - ・屋外歩行や乗車訓練など

作業療法士（OT）

- **日常生活動作**

  トイレ、更衣動作、入浴動作、食事動作の練習
- **起居動作**

  寝返り、起き上がりなどの練習

言語聴覚士（ST）

- **嚥下障害の人に**

  飲み込み改善のための訓練
  食事内容や食べ方の指導
- **聴覚障害の人に**

  聞こえが悪くなったときなどの補聴器の相談
- **脳の病気で言葉が出なくなった人に**

  発話練習など

6

居宅療養管理指導

自宅で療養の指導を受ける

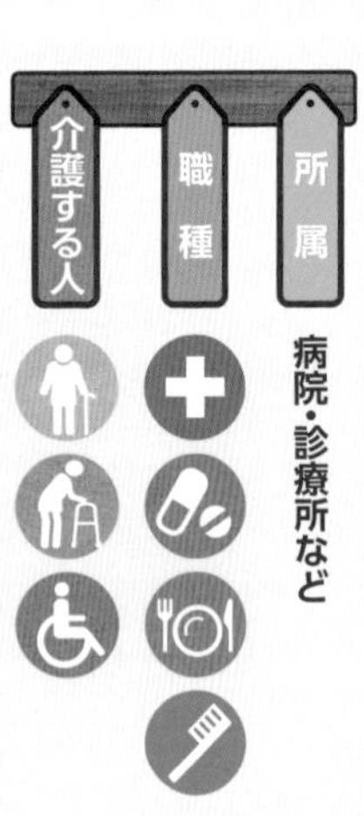

居宅療養管理指導とは

居宅療養管理指導とは、病院・診療所の**医師など**が、**通院困難な要介護者などの自宅を訪問して、療養上の管理及び指導を行う**サービスです。サービスの内容に応じて、医師、歯科医師、薬剤師、管理栄養士、歯科衛生士がサービスを提供します。また、ケアマネジャーに対して、ケアプランの作成に必要な情報提供を行うことも含まれます。

居宅療養管理指導は利用者やその家族に対して専門的な見地からアドバイスを行う介護保険のサービスです。自宅にいながら専門家の健康管理や指導・相談を受けられるので、在宅で介護を受ける上での利用者の安心につながります。

職種ごとの専門領域の指導を行う

医師・歯科医師は、利用者の健康管理や処方されている薬の服用方法に関する指導、医療器具の管理、ケアプランに必要な情報提供などを行います。**薬剤師**は、利用者の薬に対する状態を効果と副作用の面から確認し、利用者が薬をきちんと飲めるように支援を行います。**管理栄養士**は、医師の指示により、治療食が必要な人、飲み込みが悪くなった人などを対象に「栄養ケア計画」等を作成し、利用者の食事相談に応じます。

歯科衛生士は、利用者に正しい歯磨きの方法や義歯の清掃方法、嚥下機能などに関する指導やアドバイスを行います。

居宅療養管理指導

医師・歯科医師

利用者の健康状態の管理、介護方法についてのアドバイスなどを行います。

薬剤師

利用者が薬をきちんと飲めるように支援したり、利用者の薬に対する状態を効果と副作用の両面からチェックします。

歯科衛生士

歯科医師の指示に基づいて、歯磨きの方法、義歯の手入れ方法の指導、嚥下機能の維持・回復のためのアドバイスを行います。

管理栄養士

食事管理が必要な利用者に対して、「栄養ケア計画」等を作成し、献立や調理方法の指導を行います。

7

通所介護

日中だけ施設で過ごす

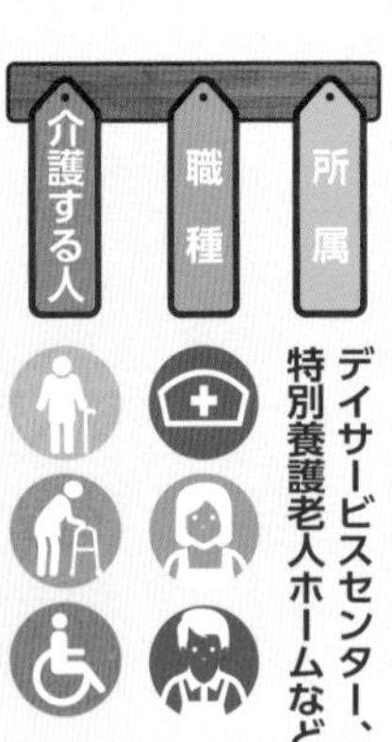

デイサービスとは

通所介護（デイサービス）は、利用者が可能な限り自宅で自立した日常生活を送れるように、日中、**デイサービスセンターに通って、食事や入浴などの日常生活上の支援や、生活機能向上のためのリハビリテーションやレクリエーションなどを受けられるサービス**です。デイサービスは事業所の規模や利用時間によって費用が異なります。

デイサービスの目的

高齢者になると社会との接点が少なくなり、自宅にこもりきりになりがちです。家の中だけの生活は、刺激が少なく単調になってしまい、心身の衰えが進みます。また、家族以外の人とコミュニケーションを取る機会が少ないと、社会性も徐々に失われていきます。

デイサービスの効果として、利用者にとっては心身機能の維持や孤立感の解消が見込まれます。毎日、介護をしている家族は、デイサービスにより自分の時間が確保できます。

介護者は空いたその時間を利用して介護以外の用事をしたり、ストレスを発散したりすることができ、負担軽減につながっています。

デイサービスを受けたあと、利用者が**そのままそのデイサービス施設に宿泊できる♣「お泊りデイサービス」は、介護保険が適用されない**ため、宿泊費などは全額自己負担となります。

♣**お泊りデイサービス**：2015年4月に厚生労働省からガイドラインが発表され、人員基準、設備基準などの安全基準が決定した。

通所介護の仕事

最近のデイサービスはリハビリテーションを売りにしているところも多く、また、フランチャイズ形式で統一したブランドを掲げているところもあります。

通所介護の仕事の1日の流れ

必要な資格
- 認知症介護基礎研修修了者
- 初任者研修修了者
- 実務者研修修了者
- 介護福祉士

出勤　申し送り、連絡事項のチェック

お迎え

・健康管理（バイタルチェック）、入浴介助など

昼食

・配膳、下膳、食事介助

後片付け

デイサービスの内容

デイサービスの時間は制度によって定められていますが、サービスの内容は事業者によって異なります。

特にレクリエーションは、各施設の特色がよく出ると言われています。風船を使ったバレーボールから囲碁や将棋、麻雀、俳句やぬり絵といったものまで、各事業者が趣向を凝らしています。また、散歩や買い物、季節のイベントなどもあります。

夜勤の無い仕事

デイサービスは、日中、利用者が自宅から通って受けるサービスであるため、在宅サービスに当たります。

当然ながら、職員は日中の勤務しか

レクリエーション

・レクリエーションなど

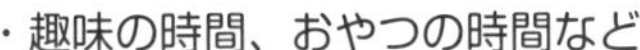

・趣味の時間、おやつの時間など

・嚥下機能の訓練など

報告書を記載

・自宅まで送る

ありません。また、自動車で利用者を送迎する仕事は、事業所によって職員が行う場合と事業所で専門のドライバーを雇う場合などの違いがあります。利用者送迎を介護職員が行う事業所では、職員採用の際、運転免許証の有無と運転経験を聞かれる場合もあります。

　デイサービスの仕事は、1日のスケジュールが決められた中で、送迎、レクリエーション、入浴介助、食事介助などを多くの利用者に対して行いますので、安全への配慮が特に重要な業務です。

　デイサービスは、1日の利用定員によって雰囲気が変わります。少人数のなかで家族的な雰囲気を感じることができるのは定員が18人以下の小規模デイサービスになります。

8

通所リハビリ

通いでリハビリを行う

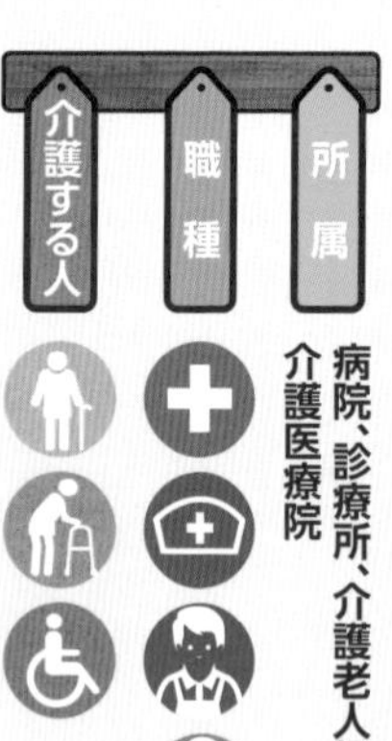

通所リハビリテーションとは

入所せずにリハビリを行う通所リハビリテーションは、「デイケア」と呼ばれます。利用者が可能な限り自宅で自立した日常生活を送ることができるよう、通所リハビリテーションの施設に通い、食事や入浴などの日常生活上の支援や、生活機能向上のための機能訓練などのサービスを受けます。

リハビリを中心としたサービス

とてもよく似たものにデイサービスとデイケアがありますが、**デイサービスが、利用者の生きがいづくりや日常生活上の世話に重点をおいているのに対し、デイケアは、心身の機能と社会生活の維持回復を図るためのリハビリテーションに重点をおいている部分が異なっています。**デイケアには必ず医師が配置されているので、医学的管理が必要な人も安心して利用できます。

通所リハビリは、医師を中心とした医療スタッフが、通所リハビリテーション計画に基づいてサービスを提供しています。理学療法士（PT）は、運動機能回復の専門家として、立ち上がる・起き上がる・歩く・寝返るなど、基本となる体の動作を、作業療法士（OT）は、日常生活を送るうえで必要な食事をする・顔を洗う・字を書くなどの訓練を行います。言語聴覚士（ST）は話す・聞く・食べるの専門家として、ことばの訓練の他、口を開ける・噛む・飲み込むといった作業の練習や指導を行います。

通所リハビリの仕事

通所リハビリ（デイケア）は、病院、診療所、介護老人保健施設、介護医療院に併設されている場合が多くあります。

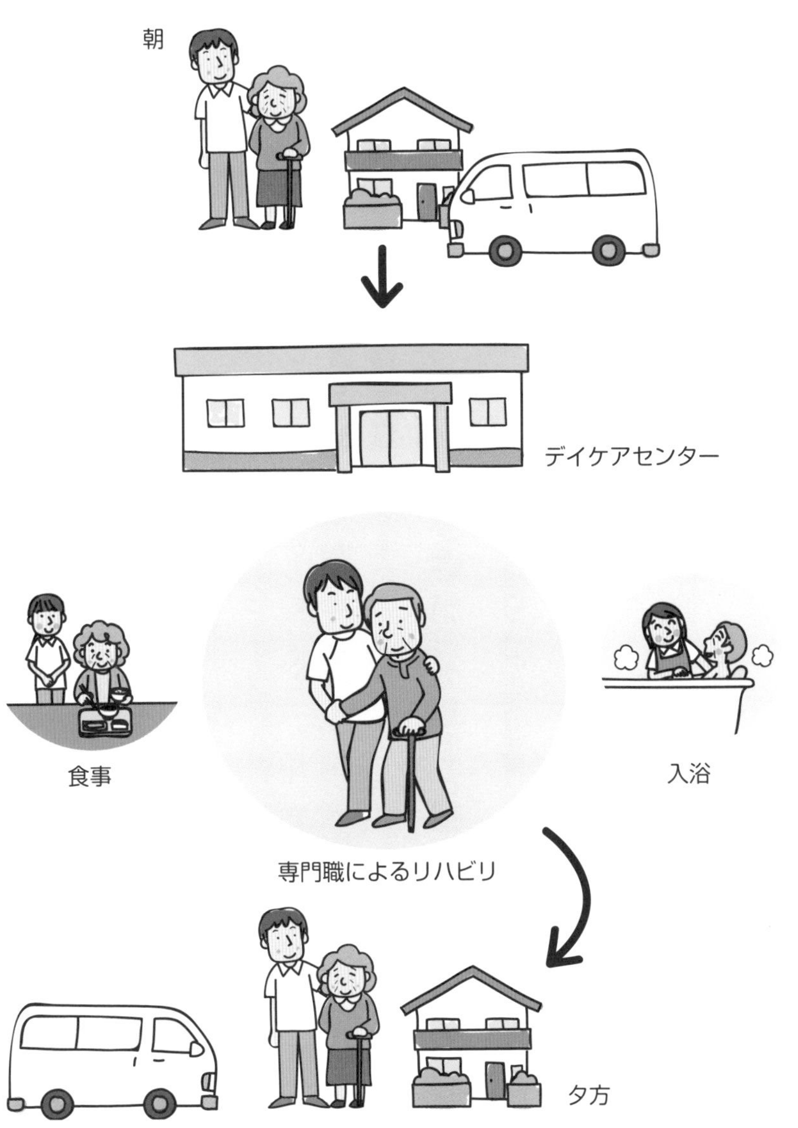

9

短期入所生活介護

短期間施設に入所するショートステイ

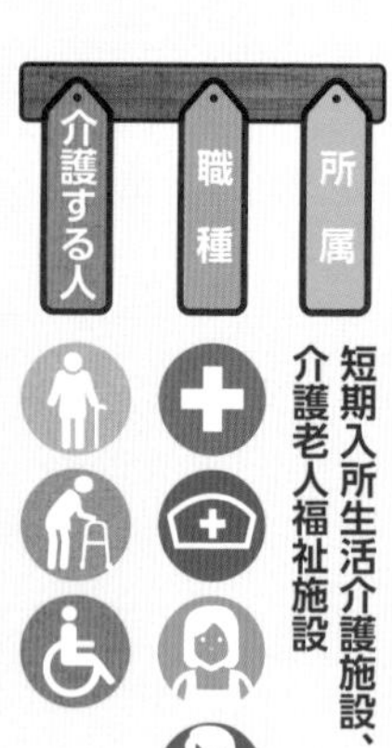

短期入所生活介護とは

短期入所生活介護はショートステイとも呼ばれ、利用者が**数日〜1週間程度の間、介護老人福祉施設などの施設に宿泊し、入浴や食事などの日常生活上の支援や機能訓練などを受けるサービス**です。

家族などが在宅介護を行っている場合、冠婚葬祭などで自宅を数日間空けなければならない、体調を崩したなど、一時的に在宅介護が難しくなることがあります。また、家族や介護者も24時間、年中無休で介護に携わっていると、精神的に疲弊し、最悪の場合「介護うつ」や「要介護者への虐待」にまで発展する可能性があります。そこで、ショートステイの利用は介護者の身体的・精神的負担の軽減につながります。

ショートステイは、連続30日間まで利用可能となっています。もし、それ以上の宿泊を希望する場合は、保険適用外となり全額自己負担となります。

施設の類型と部屋の種類

短期入所生活介護には、事業所のタイプによって2つの型があります。

特別養護老人ホームなどの施設の一部分の部屋をショートステイ用としているタイプを併設型と言い、ショートステイ専用の施設を単独型と言います。多くの株式会社などが運営しているショートステイはこの単独型になります。

ショートステイの仕事

特別養護老人ホームなどの施設やショートステイの専門の施設に、連続30日までの期間一時的に入所して、日常生活の援助を受けられるサービスです。家族が泊りで外出しなければならないときや、家族が介護から離れてリフレッシュする♣レスパイトケアのためにも使われます。

♣**レスパイトケア**：レスパイト（respite）とは、「休息」「息抜き」「小休止」という意味。介護をしている家族などが一時的に介護から解放され、休息をとれるようにする支援のこと。

ショートステイの仕事の1日の流れ

必要な資格
- 認 認知症介護基礎研修修了者
- 初任者研修修了者
- 実務者研修修了者
- 介護福祉士

夜勤
早番

起床・モーニングケア

朝食・食事介助

・食事介助

早番
日勤

体操・入浴介助

引き継ぎ

遅番

昼食準備・昼食

・新規利用者の受け入れ

短期入所生活介護の仕事とは

ショートステイは、特別養護老人ホームなどの施設に併設されている併設型と単独型があります。**1泊からでも宿泊できるサービスのため、短いスパンで利用者の入れ替わりがあることが特徴です。**

また、毎月定期的に利用する人もいます。ショートステイを行う職員は、ひとりの利用者をじっくりサポートするというより、さまざまな利用者と関わることになります。

短期間利用の利用者が多い

ショートステイは、利用者の入れ替わりが多く、サービス利用前に利用者の情報（家族情報、成育歴、持

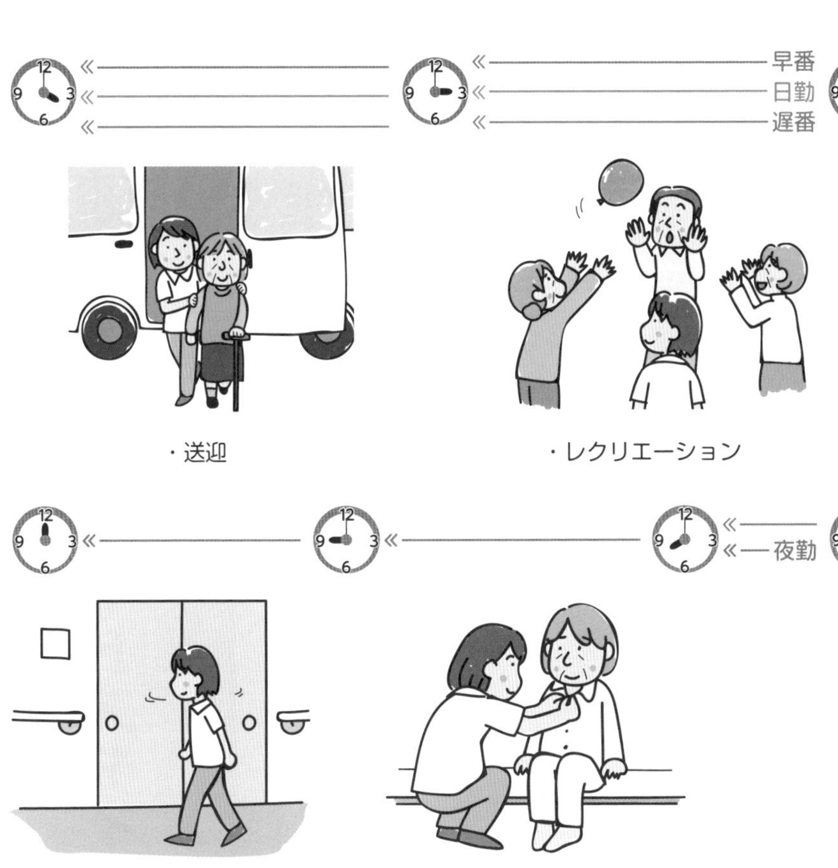

・送迎

・レクリエーション

・夜間巡回

・就寝介助

病なども含む）を収集し、利用者の滞在中に適切なケアを提供することが重要となります。

職員間での情報共有も大切です。利用者は短い期間、知らない環境で過ごすため、緊張し、不安になることもあります。

職員は、短い間でも利用者が安全・快適に過ごせるように、家庭での生活様式や本人の要望を積極的に受け止めることもポイントとなります。

仕事は事業者ごとに異なる交替制となります。利用者の要介護度の進行を進ませないためにも家族とよく相談し、密接に連絡を取ることが必要です。

10

短期入所療養介護

医療型ショートステイ

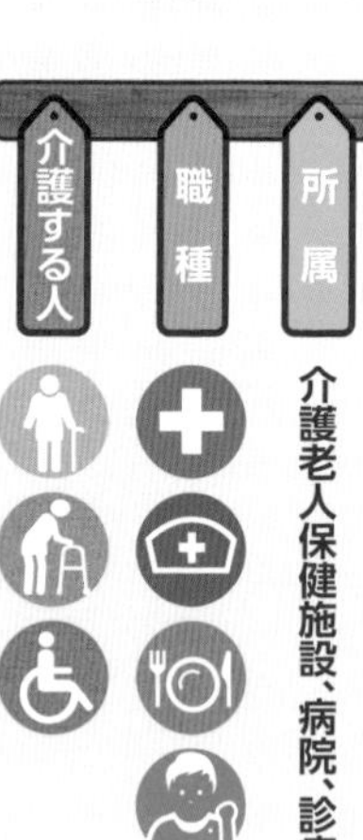

短期入所療養介護とは

ショートステイと呼ばれるサービスには2種類あります。

【短期入所生活介護】特別養護老人ホームなどに併設され、生活面の介護を受けることができます。

【短期入所療養介護（医療型ショートステイ）】介護老人保健施設や医療機関に併設され、自宅で療養生活をしている要介護者が一時的に施設に入所し、看護や医学的管理のもとで、介護や機能訓練など医療面を伴う介護を受けることができます。

短期入所療養介護の特徴

ショートステイとしての機能は、特別養護老人ホームなどに併設されているショートステイと同様です。介護している家族などが病気、冠婚葬祭、仕事の都合などで一時的に在宅介護が困難な場合、または家族の休息（レスパイトケア）用途としても利用できます。このサービスは**療養上の世話が必要な人、認知症の人、集中的なリハビリテーションが必要な人などを対象にしています。**

短期入所療養介護は主に医療的ケアを必要とする要介護者が利用するショートステイであり、そのため医師の配置と看護師の配置が定められています。加えてリハビリ専門職である理学療法士・作業療法士・言語聴覚士も配置されています。

短期入所療養介護も、サービスの利用日数は連続で30日までとなっており、31日目以降は利用料が全額自己負担となります。

短期入所療養介護

医療的なケアが必要な利用者が、介護老人保健施設や病院、診療所などに、連続30日までの期間一時的に入所して、機能訓練など日常生活の援助とケアを受けられるサービスです。家族が泊りで外出しなければならないときや、介護から離れてリフレッシュするためにも使われます。

column

福祉“起業”のススメ

日本でのうつ病自殺者をゼロにしたい。このミッションを胸に、私は精神障がい者のグループホームと病児保育園の運営をしています。

皆さん、経営者というとどんなイメージをお持ちでしょうか？　スマートな人？　厳しい人？　お金持ち？　実は、実績のある福祉業界の経営者はみんな原体験に基づいた実現したい世界感を持っています。仲間が辞めてしまうときや、予定通り計画が進まず明日の生活が不安になるときなどは、何がなんでも描いた世界を実現するという“しつこさ”が折れそうな心を支えてくれます。

私が社会人になってから、複数の高校の同級生が職場のストレスによるうつ病で亡くなっています。振り返ると、苦しんでいた人達は、自分の幸せを後回しにして人のことを思いやる、共感力が高い優しい人ばかりでした。私自身も、柔軟性がなく大規模な企業での仕事に馴染めず新卒で入った会社を９か月で退職をする選択をしました。社会に出ると、学生時代には意識することのなかった常識や暗黙のルールが押し付けられているような感覚があり窮屈さと自己嫌悪を感じたのを覚えています。退職してからは、一般社会に適応できない私のような人が社会から取り残され、もう“一般”には戻ることができないのかな？　と恐怖を感じていました。

また、私よりひと足先に親になった高校の同級生（女性）は、子どもの体調で職場を休みがちになり、最終的に退職となってしまってからは『〇〇ちゃん/くんのお母さん』と子供を通してしか社会との繋がりを持てないことに大きな悲しさを感じ、退職による経済的不安定さも相まって強いストレスを感じていたと教えてくれました。

私は、上記２つの『苦しさ』を社会からできるだけ減らしたいと強く思っています。皆さんの場合はいかがでしょうか？　どんな『苦しさ』を減らしたいですか？　思いの強さに自信はありますか？　強い気持ちがあれば、皆さんの周りには、同じ世界を実現したいという仲間が集まるはずです。会社でも、ユニットチームでも良いのです。規模は関係なく思いを共有した集団を作ることが良い支援のスタートになると思っています。

株式会社ウェリオ social works

代表取締役　寒竹　真也

第5章

介護の仕事を知ろう（施設編）

特別養護老人ホームなど、施設に入居して受けることができるサービスについてわかりやすく説明しています。各サービスで仕事をした場合の1日の流れも理解できます。

1 特別養護老人ホーム

施設で暮らして介護サービスを受ける

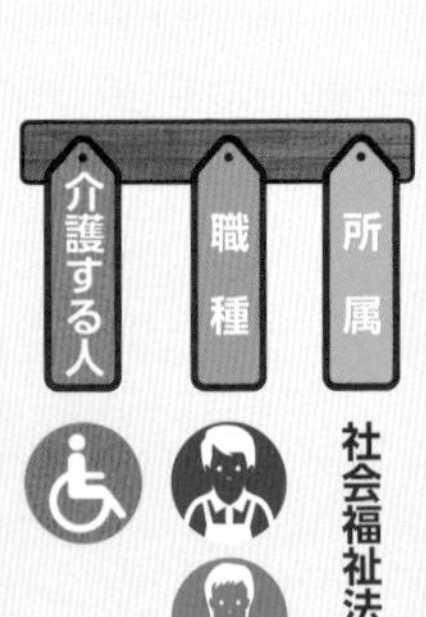

比較的安価で入所可能

介護老人福祉施設は一般的に♣**特別養護老人ホーム、略して「トクヨウ」と言われています。**すべてが公的な施設であるため、要介護者が暮らす数ある施設の中では比較的安価での入所が可能です。それだけに入所希望者も多く、地域によっては入所までに時間を要することも珍しくありません。

1、2か月で入所できることもあれば、数年かかることもあり、待機期間は地域によってさまざまです。2015年から入所条件が厳しくなった（要介護3以上）こともあり、入所待機者数は減少している地域もあります。

施設は、4人部屋を中心とした従来型と個室中心のユニット型があります。前者は施設全体で介護を行い、後者は10人ほどを1つのユニットとして介護を行うのが特徴です。要介護者と言えども、個人のプライバシーの尊重を求める時代にあって、施設自体も**個別ケア**に重点を置きつつあります。

要介護度の重い人を優先

入所できるのは、**「65歳以上で要介護3以上の高齢者」**「40歳から64歳で特定疾病が認められた要介護3以上の人」「特例により入所が認められた要介護1から2の人」です。

看護師の24時間配置が義務づけられていないことから、24時間のケアが必要であったり、常時医療ケアが必要な人は入所できないこともあります。

♣**特別養護老人ホームと介護老人福祉施設**：老人福祉法の「特別養護老人ホーム」は、介護保険法では「介護老人福祉施設」に位置づけられる。

特別養護老人ホームの仕事

原則として要介護３～５の要介護者に対し、施設サービス計画に基づいて、入浴、排せつ、食事などの介護や日常生活の世話や機能訓練、健康管理、療養上の世話をします。

介護サービスを受けながら暮らす

食事の介助

排せつの介助

入浴の介助

サービス内容

食事の介助	○	着替えの介助	○
入浴の介助	○	掃除・洗濯	○
排せつの介助	○	買い物の代行	○
見守り・生活相談	○	レクリエーション	○
機能訓練（リハビリ）	△	看取り介護	○
医療処置	△	医療機関との連携	△
服薬の管理	○	在宅復帰	△

※医療処置の内容は、胃ろう、経管栄養、たんの吸引、点滴など

特別養護老人ホームの仕事の1日の流れ

必要な資格
- 認知症介護基礎研修修了者
- 初任者研修修了者
- 実務者研修修了者
- 介護福祉士

起床

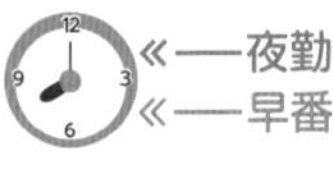

・離床介助

・食事介助

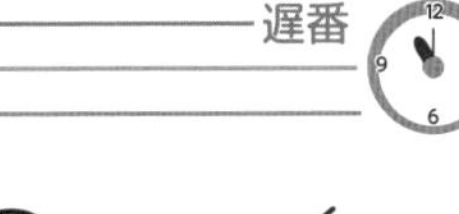

・引き継ぎ

・レクリエーション

交替勤務で働く施設

特別養護老人ホームをはじめとした介護施設は、**利用者が24時間生活しているサービス形態なので、職員は交替制のシフト勤務になっています。**

職員はひと月ごとの勤務予定表に従って働きます。シフト勤務の形態は、日勤と夜勤がある2交替制勤務と、日勤・準夜勤・深夜勤のある3交替制勤務、そして、早番・日勤・遅番・夜勤のある4交替制勤務になります。勤務形態は法人によって異なります。

最近では、夜勤の仕事は人手不足のため、施設によっては夜勤専門の

就寝

・就寝介助

・口腔ケア

・食事介助

報告書の作成

・排せつ介助

・見回り

・介護記録作成

非常勤スタッフを雇い、常勤職員の夜勤がない施設もあります。

夜勤は経験を積んでから

夜勤と言うと、重労働の印象がありますが、業務内容は日勤とそれほど変わりません。新人職員は日勤から始めて、徐々に経験を積みながら夜勤に入ります。

夜勤の仕事は、主に居室の巡視、排せつ介助、体位変換、ナースコール対応、介護記録の作成などになります。

また、ほとんどの特別養護老人ホームでは、夜間の救急・急変時には医師または看護職員の指示を仰ぐ体制が整っています。ちなみに介護職の夜勤は、労働基準法では時間外労働となり、基本給の25％増しの賃金が支給されることになっています。

2

介護老人保健施設

在宅復帰を目指してリハビリ

在宅復帰を目指す施設

特別養護老人ホームでは利用者は介護を受けながら終身で生活します。**介護を受けてリハビリを行い、在宅復帰を目指す目的で入所するのが介護老人保健施設、略して「ロウケン」**です。従って、入所期間は約3か月から6か月という前提になっています。一定期間で入所者は入れ替わるので、比較的空き室があり、特別養護老人ホームのように入所まで長い期間待たされることはあまりありません。

介護老人保健施設のサービスは**医療ケアとリハビリのサービスが中心**となるため、設備も充実しています。医師や看護師、理学療法士なども配置されています。

在宅復帰率とベッドの回転数で種類分け

入所者に対しては、ケアプランに則したリハビリが行なわれ、3か月ごとに在宅復帰の可否の検討がされます。ただし、一定の期間経過で、必ず退所を求められるというわけではありません。しかし、厚生労働省の調査では、入所者の平均在所日数は300日を超えています。

介護老人保健施設は、在宅復帰率とベッドの回転率でサービスで得られる介護報酬に差が設けられています。在宅復帰に力を入れている施設では、リハビリの専門職員が多数在籍しています。その分、介護サービス費が高くなるため、利用者は負担も増えます。

介護老人保健施設の仕事

看護や医学的管理のもとで、介護や日常生活上の世話を受けながら、リハビリテーションを受け、在宅復帰を目指します。

リハビリを通して在宅復帰を目指す

リハビリ

発話訓練や飲み込み

日常動作や起居動作

歩行訓練や体力向上

サービス内容

食事の介助	○	着替えの介助	○
入浴の介助	○	掃除・洗濯	○
排せつの介助	○	買い物の代行	△
見守り・生活相談	○	レクリエーション	△
機能訓練（リハビリ）	◎	看取り介護	△
医療処置	○	医療機関との連携	○
服薬の管理	◎	在宅復帰	◎

※医療処置の内容は、胃ろう、経管栄養、たんの吸引、点滴など

3

介護医療院

医療サービスが必要な人が入所する

創設したばかりの新サービス

２０１８年に法制化された介護医療院は、長期的な医療と介護のニーズを併せ持つ要介護高齢者のための施設です。

長期的な医療が必要な人の施設には、介護保険を財源とする介護医療型施設と、医療保険を財源とする医療療養病床がありました。介護療養型医療施設の入所者は、医療の度合いが低いものの、医療処置やターミナルケアなど、他の介護保険施設では対応の難しい利用者が多くいます。

そこで、介護療養型医療施設は２０２４年３月で廃止となり、新しく「生活機能」を有する介護医療院ができました。

介護医療院は**日常的な医療ケアや喀痰吸引・経管栄養**などに加えて、「看取り」も行い、療養施設としての機能も合わせ持っています。

疾患のレベルによって種類分け

介護医療院は、重篤な疾患を抱える要介護高齢者も対象とするⅠ型と、容体の安定した要介護高齢者を受け入れるⅡ型に分かれており、施設の基準について、前者は介護療養病床、後者は介護老人保健施設に相当します。

Ⅰ型は重篤な疾患のある入居者に対応することから手厚く人員が配置されていますが、その分、費用は高く設定されています。

介護医療院は**医療依存度の高い要介護高齢者の長期療養・生活施設**です。

介護医療院の仕事

長期にわたって療養が必要とされる入所者に対して、生活の場を提供するとともに、日常生活上の療養管理、看護・介護、リハビリテーション、在宅復帰支援、ターミナルケアなどのサービスを提供します。

療養

医療ケアの提供で
長期の療養を支える

介護

日常生活上必要な介護

リハビリ

歩行訓練など

日常動作など

サービス内容

食事の介助	○	着替えの介助	○
入浴の介助	○	掃除・洗濯	○
排せつの介助	○	買い物の代行	△
見守り・生活相談	○	レクリエーション	△
機能訓練（リハビリ）	◎	看取り介護	◎
医療処置	◎	医療機関との連携	◎
服薬の管理	◎	在宅復帰	◎

※医療処置の内容は、胃ろう、経管栄養、たんの吸引、点滴など

4

有料老人ホーム

民間が運営する居住施設

要介護度に関係なく入居可能

高齢者に対して、介護、食事、家事、健康管理のいずれかのサービスを提供している施設を有料老人ホームと呼びます。多くは、営利法人を中心とする民間企業が運営しており、地方公共団体や社会福祉法人が運営している特別養護老人ホームよりも入居費用は高くなっています。

有料老人ホームは、施設の種類によって**要介護や要支援の認定を受けていない人でも入居可能**です。自立した人が入居し、その後要介護状態になっても住み続けることができる施設など、利用者のニーズによって選択することが可能です。また、特別養護老人ホームなどと異なり、すぐに入居できる施設も多くあります。

介護付は介護保険サービス

有料老人ホームの種類には、①介護付有料老人ホーム、②住宅型有料老人ホーム、③健康型有料老人ホームがあります。さらに①の介護付有料老人ホームは、一般型と、外部サービス利用型の2つがあります。その多くは介護保険の利用できる介護付有料老人ホームと住宅型有料老人ホームになります。

テレビCMや雑誌の老人ホームランキングなどで出てくるのは「介護付有料老人ホーム」です。このホームは、介護保険の指定が必要な「特定施設入居者生活介護」というサービスです。介護保険の指定サービスであるため、入居できるのは、要支援・要介護の認定を受けた人です。

有料老人ホームの仕事と種類

有料老人ホームの仕事内容は、特別養護老人ホームなどの介護施設とほぼ同じで、日々の生活支援や介護、レクリエーションなどを行います。

❶介護付有料老人ホーム

・食事
・生活支援
・健康管理
・生活相談
・アクティビティ
・介護

特定施設入居者生活介護という介護保険サービスが利用できる。

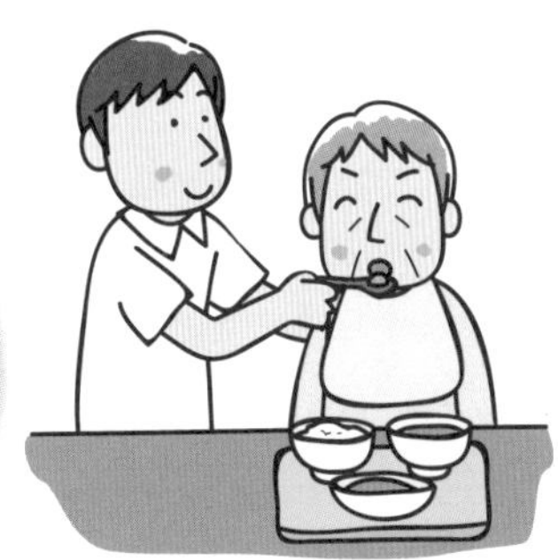

❷住宅型有料老人ホーム

・食事
・生活支援
・健康管理
・生活相談
・アクティビティ

入居者が必要な在宅介護サービスを選択し、契約をする。

❸健康型有料老人ホーム

・食事
・生活支援
・健康管理
・生活相談
・アクティビティ

原則、
介護が必要になったら退去しなければならない。

5

サービス付高齢者向け住宅

安心して暮らせる高齢者の集合住宅

高齢者向けの賃貸住宅

自立・もしくは介護度の低い高齢者を対象にした賃貸住宅を「サービス付高齢者向け住宅」と呼び、〝サツキ〟〝サ高住〟と略する人もいます。サービス形態は賃貸住宅に似ていますが、60歳以上の高齢者および60歳未満の要支援・要介護者を対象としており、一般の賃貸住宅のように、高齢を理由に入居を断られることや契約の更新はありません。一般的な賃貸住宅より家賃は高めですが、初期費用は有料老人ホームより低額です。

居室は25平米以上を原則としており、バリアフリー仕様や見守りセンサーなどが設置されています。自由な外出や夫婦での入居も可能です。

サービス付のサービスとは

「サービス付」のサービスとは、介護サービスのことではなく常駐スタッフによる安否確認や生活相談のことを指します。「食事」、「介護（入浴、排せつの介助など）」、「生活支援（買い物代行、病院への送り迎えなど）」などのサービスの提供は、それぞれの利用者ごとの契約によって異なります。介護保険のサービスを希望する場合は、介護保険サービスの事業所からサービスの提供を受けられます。

例外としてサービス付高齢者向け住宅が介護保険サービスの「特定施設入居者生活介護」の事業所として指定を受けている場合には、介護付き有料老人ホームと同様のサービスが受けられます。

サービス付高齢者向け住宅の仕事

自立または、介護度の低い高齢者向けの賃貸集合住宅です。常駐スタッフによる「安否確認」や「生活相談」が行われます。食事、介護（入浴、排せつの介助など）、生活支援（買い物代行、病院への送り迎えなど）などのサービスについては、利用者ごとの契約によって異なります。

介護保険サービスは在宅サービス事業者と契約

賃貸借契約

オプションサービス

介護

基本サービス

安否確認

生活相談

サービス付高齢者向け住宅の特長

1. 居室スペースが原則25㎡以上
2. 居室にトイレや洗面設備がある
3. 居室や共有部分がバリアフリー
4. 生活相談や安否確認サービス

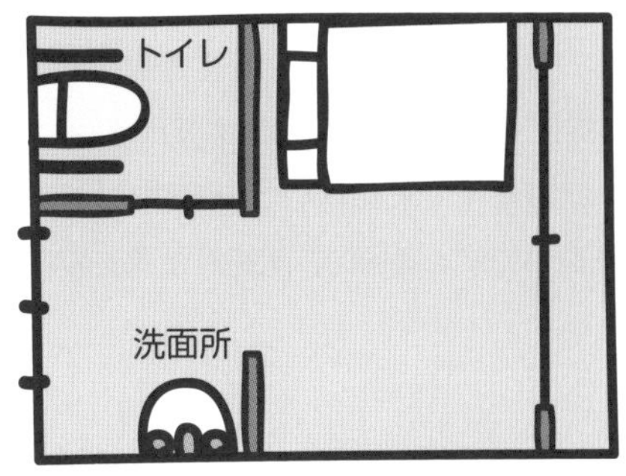

※近年、重度の介護度・医療依存度の高い利用者向けの施設が増加している。

column

認知症の歴史と国の取り組み

認知症という病気は、人類の歴史とともにあったと考えられます。

古くは平安時代の『源氏物語』に、歳を取ると「ほけたりける人」という表現が出てきます。鎌倉時代の歴史書、『吾妻鏡（あずまかがみ）』や『源平盛衰記』では「老狂（ろうきょう）」、江戸時代の書物には「老耄（ろうもう）」という記載があります。認知症という言葉ができる前には、「痴呆（ちほう）老人」「呆（ぼ）け老人」「耄碌（もうろく）」などと表現されていました。

現代では「認知症」は老いにともなう病気の一つであり、さまざまな原因で脳の変性疾患や脳血管障害によって、記憶・判断力の障害などが起こり、日常生活に支障をきたしている状態のことであることがわかっています。そして、私たちが一般的に使っている「認知症」という言葉は、2004年から使用されるようになったものです。

厚生労働省によると日本では、2025年には約700万人（高齢者の約5人に1人）が認知症になると予測しています。一方、世界保健機関（WHO）によると、認知症の人は世界で5,500万人以上と推計されていて、2050年には1億3,900万人に増加すると予想されています。

2024年1月1日、国は『共生社会の実現を推進するための認知症基本法』(認知症基本法）を施行しました。この法律は、認知症の人々とその家族がより良い生活を送るための支援策を定めています。特に、認知症の人たちが共生社会の一員として尊重され、必要なケアやサービスを受けやすい環境を目指しています。共生社会を実現するには、公平性、包括性、多様性を重視する政策や制度が不可欠です。認知症基本法は、認知症の人々が社会で自立した生活を送れるよう支援し、彼らが社会の一員として尊重されるための措置を包含しています。

約1,000年前の『源氏物語』では、認知症は「ほけ」と呼ばれていました。1,000年後の未来の人々が現代の「認知症」という表現をどう受け止めるかは興味深いです。その時、認知症が過去の病気となっている可能性もあります。

第6章

介護の仕事を知ろう（地域密着型）

地域密着型サービスは、介護が必要になっても住み慣れたところで生活ができるように提供されるサービスです。各サービスの内容や働いた場合の１日の流れを見てみましょう。

1

定期巡回・随時対応型訪問介護看護

介護職と看護職が定期的に巡回・随時訪問する

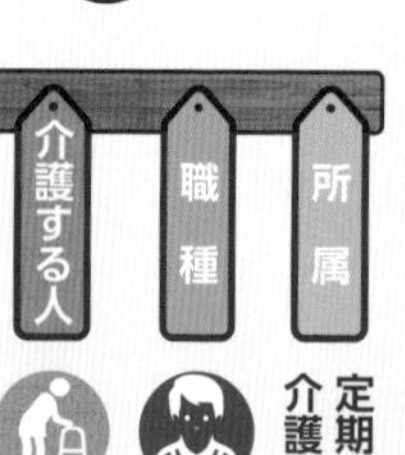

定期巡回・随時対応型訪問介護看護事業所

定期巡回・随時対応型訪問介護看護とは

定期巡回・随時対応型訪問介護看護は、重度の要介護者が最期まで住み慣れた自宅で在宅生活を続けるために、２０１２年度に創設されたサービスです。利用者に**日中・夜間、訪問介護と訪問看護の両方を提供し、定期的に利用者宅を巡回、必要な時には随時の対応を行います。**介護保険では、地域密着型サービスという分類になります。

24時間、３６５日の対応

定期巡回・随時対応型訪問介護看護は、看護師、訪問介護員などがチームで24時間、３６５日利用者の対応を行います。日中は利用者の自宅に定期的に訪問し、必要なサービスを行います。夜間は利用者からの連絡にオペレーターが対応し、話し相手となったり、精神的な支援などを行います。また、利用者に貸与している携帯端末でオペレーターに連絡が入った場合、巡回しているスタッフが駆け付け、随時対応のサービスを行います。**自宅にいながら病院や介護施設のように看護・介護サービスを提供できることが特徴です。**

料金は要介護度別の定額制

夜間対応型訪問介護（→Ｐ１３２）と定期巡回・随時対応型訪問介護看護との違いは、昼も夜も身体介護・生活援助ができること、訪問看護サービスがあること、そして料金が異なることです。定期巡回・随時対応型訪問介護看護は要介護度別に１か月の料金は決められています。

定期巡回・随時対応型訪問介護看護とは

「定期訪問」と「随時対応」、「訪問介護サービス」と「訪問看護サービス」を組み合わせて、要介護高齢者の生活を24時間支えます。

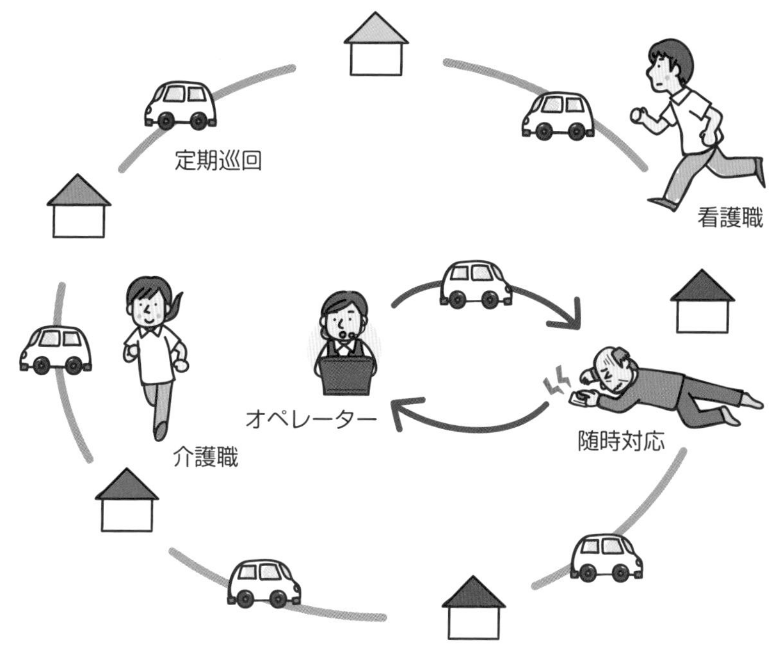

担当するサービスとその資格

サービス内容	資格
定期的な訪問介護サービス 随時訪問介護サービス	介護福祉士、実務者研修修了者、 初任者研修修了者
定期的な訪問看護サービス 随時訪問看護サービス	保健師、看護師、准看護師、ＰＴ、ＯＴ、ＳＴ
オペレーター	看護師、介護福祉士、医師、保健師、准看護師、 社会福祉士、介護支援専門員
計画作成責任者	看護師、介護福祉士、医師、保健師、准看護師、 社会福祉士、介護支援専門員

定期巡回・随時対応型訪問介護看護の仕事の1日の流れ

必要な資格
看護師など
実務者研修修了者
介護福祉士
初任者研修修了者

定期巡回・随時対応型訪問介護看護の仕事

　定期巡回・随時対応型訪問介護看護は、年中無休、24時間、365日のサービスです。この仕事を行う職員は他の職員と交替勤務を組みながら1日に3～6回前後、定期的に利用者宅を訪問します。

・**定期訪問の仕事**…排せつ介助や体位変換などの身体介護がメインの支援になります。具体的には、朝・夜間のおむつ交換、トイレの介助、洗顔、歯磨き、食事の配膳下膳などを定期的に行い、1件の利用者宅への滞在時間は約20～30分程度になります。

定期訪問　Aさん宅

・起床介助

定期訪問　Bさん宅

・排せつ介助

昼食

定期訪問　Cさん宅

・身体状況の観察

随時　Bさん宅

・転倒の連絡を受ける

定期訪問　Cさん宅

・水分補給

Bさんよりケアコール

・ケアコール対応

・**随時対応の仕事**…オペレーターとして利用者からの連絡に24時間対応します。オペレーターは、看護師、社会福祉士、介護福祉士、介護支援専門員、サービス提供責任者などとして1年以上従事した経験を持つ者がなることができます。

・**随時訪問の仕事**…オペレーターからの通報を受け、利用者に介護が必要な時に駆け付け、適切な支援を行います。

　このサービスでは、朝・昼・夕の食事時と就寝前はサービスを希望する利用者が多いため、この時間帯だけ働く登録ヘルパーも活躍しています。サービスがない時間帯は、随時訪問の待機を行うとともに、事業所での記録作成や、他の訪問介護員の代替として利用者宅に訪問に行くこともあります。

2

夜間対応型訪問介護

夜の介護を手厚くサポート

夜間の身体介護を行うサービス

夜間対応型訪問介護は、**夜間帯（22時～翌朝6時）の間に訪問介護員（ホームヘルパー）が利用者の自宅を訪問して**おむつの交換、体位の変換、トイレ介助、身体の清拭など30分程度の**身体介護を行うサービスです。**「定期巡回」と「随時対応」の2種類のサービスがあります。

定期巡回は、夜間帯（22時～翌朝6時）の決まった時間に定期的に訪問し、おむつ交換や体位変換などのサービスを行います。**随時対応**は、利用者などからの緊急通報を受け、訪問介護員が駆け付けます。例えば、夜間にベッドから転落して自力で起き上がれない、夜間に急に体調が悪くなったので救急車を呼んでほしいといった場合があります。利用者は必要に応じて「定期巡回サービス」と「随時対応サービス」のどちらも利用することができ、緊急時に通報するための、ケアコール端末を持ちます。費用は、訪問介護員に来てもらう都度（1回ごと）、介護報酬で定められた料金が発生します。

夜間とは22時から翌朝6時までの間

このサービスにおける「夜間」は、夜10時から朝6時までを含む時間帯のことを言います。実際のサービスの提供時間は、各夜間対応型訪問介護事業所で設定することが可能ですが、8時から18時までの日中の時間帯はこのサービスの提供は行えません。

夜間対応型訪問介護の仕事とは

夜間に介護職員が巡回して、排せつの介助や安否確認などを行う他、利用者からの通報を受けて訪問したり、緊急対応を行ったりします。

定期巡回

夜間に利用者の家を何度か訪問し、寝返りの補助を行ったり、排せつの介助などの身体介護を行ったりします。

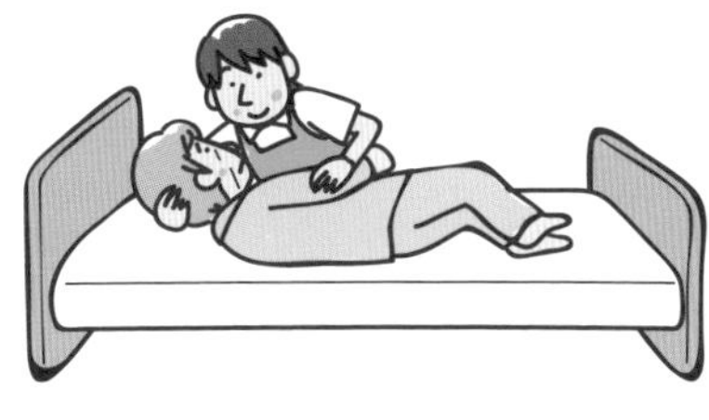

随時訪問

夜間に体調が悪くなった時にケアコール端末を押して通報すると、巡回中のスタッフが駆け付けます。

オペレーションセンター

利用者の通報を受け付けて、訪問介護や救急車の手配などを行います。

3 認知症対応型通所介護

認知症に特化したデイサービス

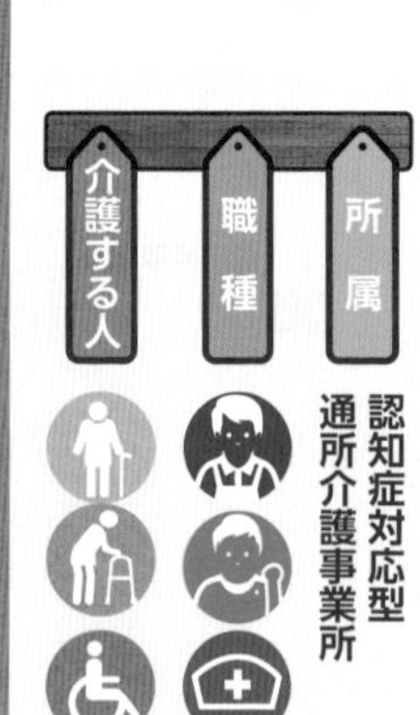

認知症対応型通所介護とは

認知症対応型通所介護は、認知症の利用者専門のデイサービスです。要支援または要介護の認定を受け**医師に認知症と診断された人が対象**となります。認知症の人に限定した小規模な通所介護サービスのため、通常のデイサービスとは異なる利用要件があります。

3つの類型と定員

【単独型】1日の利用定員12人。特別養護老人ホームや病院、診療所、介護老人保健施設、介護医療院などに**併設されていない単独のデイサービス**です。

【併設型】1日の利用定員12人。特別養護老人ホームや病院、診療所などに**併設されているデイサービス**を指します。

【共用型】1日の利用定員3人以下。既存のグループホームなどの**食堂や居間を共同利用するタイプ**のデイサービスです。

専門研修を受けた職員がケア

このサービスの特徴は、認知症の人がデイサービスにおいて専門的なケアを受けられることです。サービスでは入浴、食事、レクリエーションに加え、日中、少人数で家庭的な雰囲気のなか、利用者自身のペースで認知症の専門的なケアを受けられることで症状の緩和などが期待でき、家族などが精神的・肉体的ゆとりを取り戻すことができる効果があります。

認知症対応型通所介護の種類

認知症の利用者だけを対象にした定員12人以下のデイサービスです。通常のデイサービスとは異なり、認知症に対応した専門的なサービスを提供します。家庭的な雰囲気のなかで過ごすことで症状緩和が期待できます。

単独型（定員12人）

民家などを専用の施設として利用するタイプです。

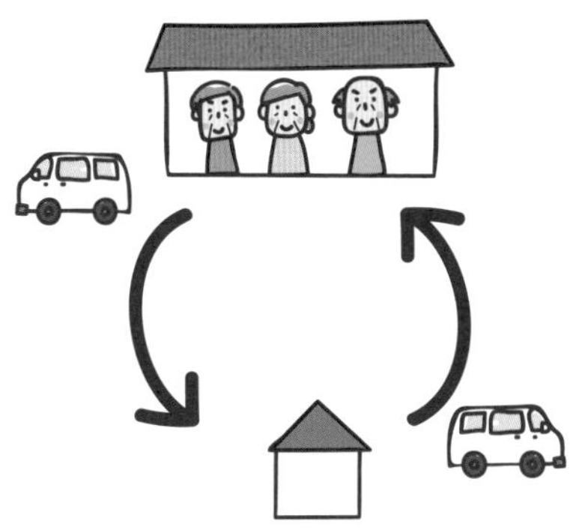

併設型（定員12人）

特別養護老人ホームや医療機関などに併設されているタイプです。

共用型（定員3人以下）

グループホームの食堂や居間を入居者と共に共同利用します。

レスパイトケア

日中、要介護者がデイサービスで過ごすことは、家族を介護疲れから解放する意味もあります。

4 小規模多機能型居宅介護

訪問、通所、短期入所のサービスを1か所で

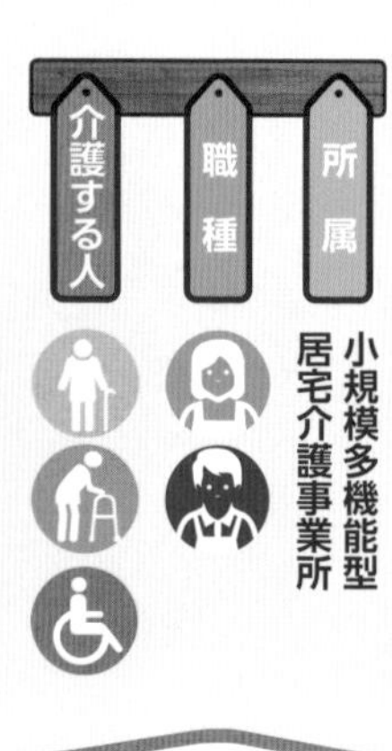

サービスの内容は自由度が高い

このサービスは要介護度ごとの**定額制のため、利用料を気にせず、利用者が自分の生活に合わせた時間の過ごし方ができます。**例えば、1日を通して利用する人もいれば、食事だけを食べに来る人、入浴だけを利用する人もいます。また、訪問サービスでは、利用者は必要な時に必要な量の支援のみを受けることができます。

身体介護はもとより、安否確認や服薬のための短時間だけの訪問もできます。緊急時は、昼夜を問わず職員が駆け付けることも可能です。そして、利用者が通所サービスを受けた後、そのまま施設に宿泊することも可能です。

小規模多機能型居宅介護とは

小規模多機能型居宅介護は、利用者の選択に応じて**施設への「通い」（デイサービス）を中心として、短期間の「宿泊」（ショートステイ）や利用者の自宅への「訪問」（訪問介護）を組み合わせたサービス**です。

サービスを利用するためには登録が必要

小規模多機能型居宅介護を利用するには、利用登録が必要です。登録利用定員は、1事業所29人以下となっています。「通い」の定員は1日18人以下、「宿泊」は1日あたり9人以下の定員となっています。利用者同士、職員との信頼関係を構築しつつサービスの提供を受けられます。

小規模多機能型居宅介護とは

（デイサービス）　（ショートステイ）　（訪問介護）

3つの機能がセットになった地域密着型サービスです。要介護度ごとに1か月の利用料が決まっています。

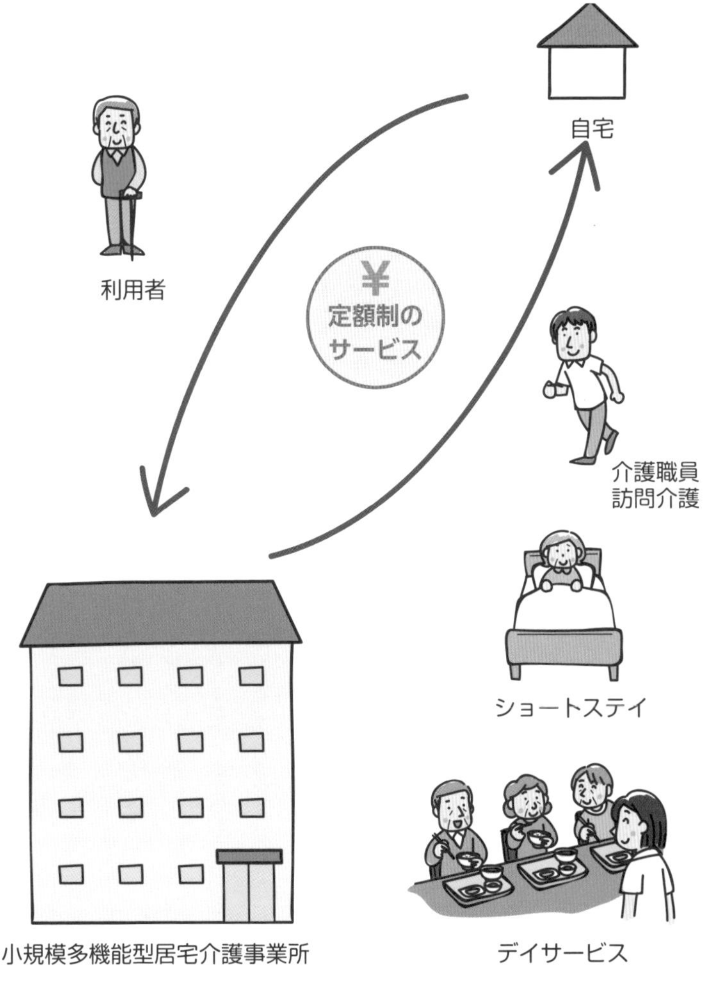

自宅
利用者
¥ 定額制のサービス
介護職員
訪問介護
ショートステイ
小規模多機能型居宅介護事業所
デイサービス

小規模多機能型居宅介護の仕事の1日の流れ

・必要な資格

認知症介護基礎研修修了者

初任者研修修了者

実務者研修修了者

介護福祉士

日勤

朝の送迎

・Aさんを迎えに行く

施設に戻る

昼食

・食事の準備

一人何役もサービスができる

このサービスは「通い」「訪問」「宿泊」があるサービスのため、日勤もあれば、夜勤もあります。ただし、宿泊利用者がいない日の夜勤はありません。

このサービスの登録利用者は、訪問看護、居宅療養管理指導、訪問リハビリテーション、福祉用具貸与についてはは小規模多機能型居宅介護のサービスを受けながら利用できますが、他の居宅サービス・地域密着型サービスは利用できません。

状況に合わせて日勤と夜勤がある仕事

小規模多機能型居宅介護の仕事に

Bさん宅

・清掃支援

施設に戻る

・レクリエーション

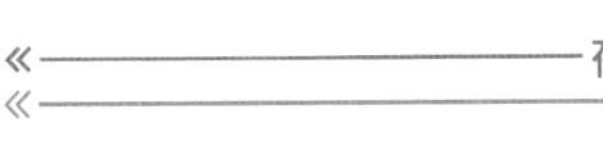

夕方の送迎

・Aさんを送る

泊りの夕食の準備

・就寝支援

は、デイサービス、ショートステイ、訪問介護が含まれます。施設内でデイサービスの業務を行った後に利用者を居宅まで送り届け、そのまま訪問介護の仕事になる場合もあります。

通常のサービスであれば、通いサービスは送迎と施設内での介護だけで終了し、利用者が居宅に戻れば他の職員に交替することになりますが、このサービスの場合、同じ職員がそのまま訪問サービスを提供できます。また、宿泊の担当者になり、夜勤職員になることもあります。

顔なじみの同じ職員が施設でも居宅でもサービスを提供することは、特に認知症の症状がある人にとっての安心感につながります。

5 看護小規模多機能型居宅介護

医療・介護サービスを1か所で

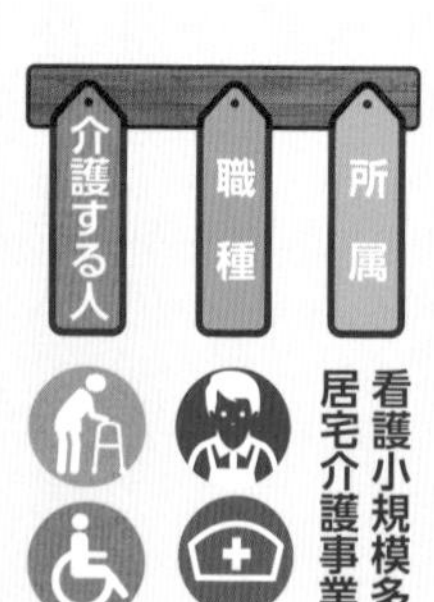

看護小規模多機能型居宅介護とは

看護小規模多機能型居宅介護は、利用者の希望に応じて、**施設への「通い」を中心として短期間の「宿泊」や利用者の自宅への「訪問介護」に加えて、看護師などによる「訪問看護」を組み合わせる**ことで、介護と看護の一体的なサービスの提供を行います。つまり、**医療依存度の高い人を受け入れる小規模多機能サービス**です。看護小規模多機能型居宅介護は2012年4月に、「訪問看護」と「小規模多機能型居宅介護」を組み合わせた「複合型サービス」という名称で創設されましたが、2015年度から「看護小規模多機能型居宅介護」と名称を変更しました。

医療的なケアが必要でも自宅で生活

このサービスは、要介護度が高くなった人や医療的ケアが必要になった人でも、できるだけ自宅を中心として日常生活を送ることができるように創設されました。そのため小規模多機能型居宅介護と同様に、利用者には**自宅から施設に通う「デイサービス」を中心に、必要に応じて介護職員が自宅を訪ねる「訪問介護サービス」や短期間の「宿泊サービス」、「訪問看護サービス」が提供されます。**

訪問看護サービスが提供されることにより、末期がんの看取りなど医療面でのサポートを必要とする人が退院直後の在宅生活へのスムーズな移行ができます。

看護小規模多機能型居宅介護とは

通い ＋ **宿泊** ＋ **訪問介護** ＋ **訪問看護**

（デイサービス）（ショートステイ）

4つの機能がセットになった地域密着型サービスで、要介護度別の定額制が特徴です。

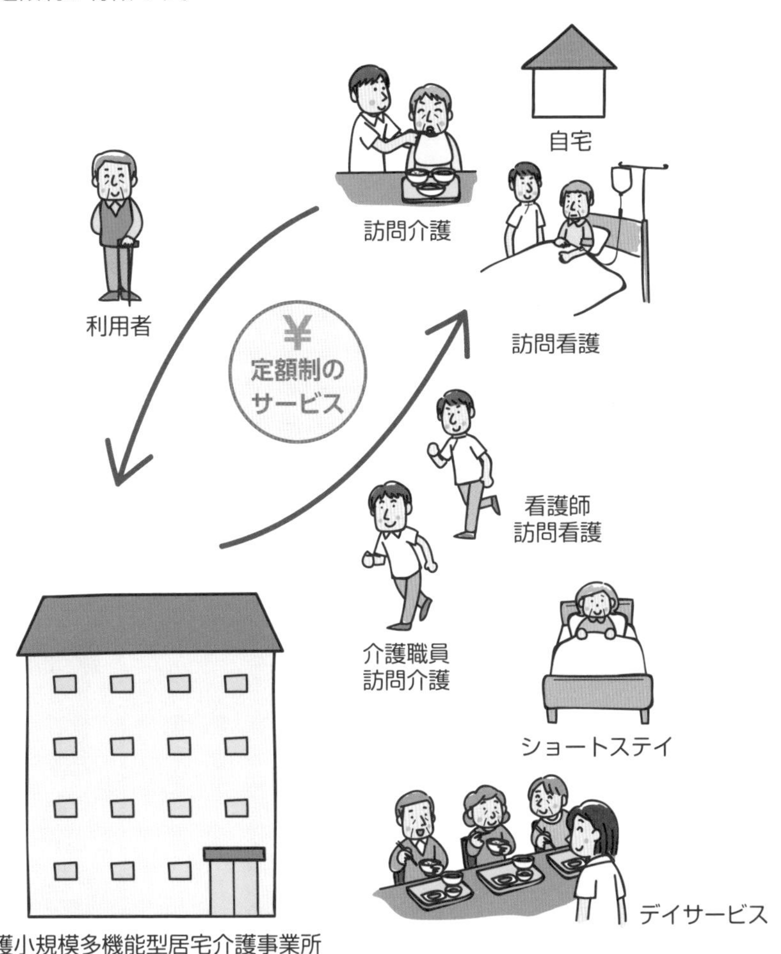

6

認知症対応型共同生活介護

認知症の人が少人数で共同生活

介護する人　職種　所属

認知症対応型共同生活介護事業所

認知症対応型共同生活介護とは

認知症対応型共同生活介護は、認知症グループホームとも呼ばれ、おおむね65歳以上の要介護認定を受けた認知症の人が、介護を受けながら、♣1ユニット9人までの居住空間で共同生活を送るサービスです。介護職員の支援を受けながら、食事の支度や掃除、洗濯など、自分でできることを行い、家庭的な環境の中で認知症の症状の進行を緩やかにすることを目的としています。このサービスの原型は、1980年代半ばにスウェーデンで生まれたといわれています。

認知症グループホームでの生活

認知症グループホームでは、1つの共同生活室（ユニット）に5～9人の少人数の利用者が、介護職員と共に共同生活を送っています。少人数の中で認知症の人が生活することで、**「顔なじみの関係」**をつくることができます。

利用者は共同生活の中で介護職員と共に、食事・掃除・洗濯を行う他、できることは自分で行います。認知症グループホームでは、医師や看護師の配置が必須ではないため、常時医療処置が必要になった場合は退去を求められる場合もあります。

しかし近年、グループホームの入居者の医療ニーズが高まっており、医師・看護師と連携し、「看取り」を行うホームも増えてきました。

♣**認知症グループホームの1ユニット**：5人から9人までと決められており、「個室」と、他の入居者や介護職員と交流するための「居間」（共同生活室）がある。

認知症対応型共同生活介護とは

認知症の人が認知症に関する知識のある職員といっしょに、家庭的な雰囲気のなかで共同生活をします。入居者も調理や掃除などの活動に参加します。

ユニットケア（1ユニット：5～9人）

在宅に近い居住空間	家庭的な雰囲気
なじみの人間関係	ユニットごとに職員を配置

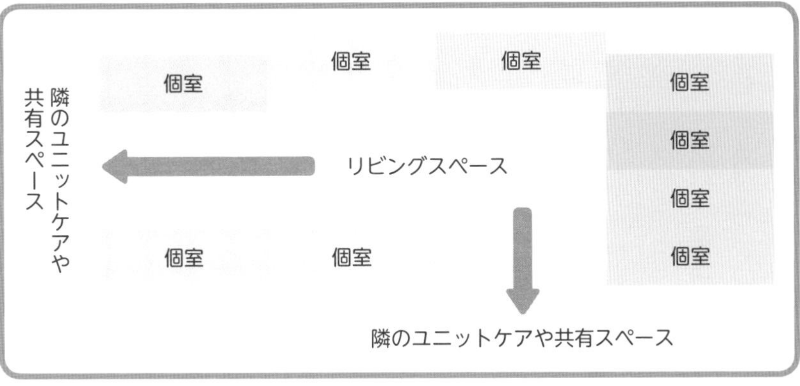

認知症グループホームの仕事の1日の流れ

必要な資格

認 認知症介護基礎研修修了者
初任者研修修了者
実務者研修修了者
介護福祉士

起床

夜勤と早番の申し送り

・食事の支度

早番と日勤の申し送り

・レクリエーション

昼食

認知症グループホームの仕事

認知症グループホームは、地域密着型サービスの居住サービスです。**居住サービスは、利用者が住まいとして生活するサービス**のことです。入居者は認知症高齢者であるため、働く職員は「認知症」についての理解に加え、専門的な介護方法が求められます。

1日の仕事の流れ

認知症グループホームの仕事は、他の施設サービスと異なり、日課を設定しません。朝は一緒に朝食の準備をしたり、天気がよければ洗濯物を干したり、たたんだりなど利用者本人のできることを見極め、一定の

・洗濯物をたたむ

・口腔ケアを行う

役割を行えるようにします。利用者が疲れたら部屋で休んでもらい、その間に記録を書いたりします。夕食の準備を共にしながら、ニュースについてみんなで話したりします。この間に排せつ介助や入浴介助を随時行います。

　グループホームのケアプランは、ケアマネジャーと計画作成担当者が、利用者の過去の生活歴を聞き、本人の意思を尊重した内容で作成します。

　グループホームの勤務は交替勤務になり、夜勤も行います。グループホームでの仕事は、**利用者一人ひとりのできることに寄り添い、穏やかに過ごしていけるような個別ケアを行うサービスと言えるでしょう。**

7

地域密着型施設

（地域密着型特養・地域密着型特定施設）

地域にある家庭的な雰囲気の2つの施設

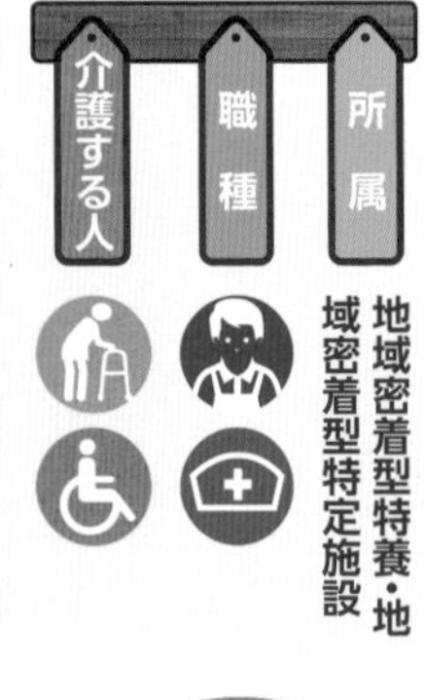

地域密着型サービスは、住み慣れた地域で生活を継続するために、**市町村が事業者の指定や監督を行い、事業者がある市町村に住んでいる人が利用できます。**

定員が29人以下の特養

地域密着型介護老人福祉施設は、定員が29人以下（30人未満）の特別養護老人ホームのことです。サービス内容は通常の特別養護老人ホームと同様で、介護が必要な人の入所を受け入れ、入浴や食事などの日常生活上の支援や、機能訓練、療養上の世話などを提供します。要介護3以上の認定を受けた人が利用できます。より地域に根差した住まいとしての小規模な特別養護老人ホームと言えるでしょう。

定員が29人以下の有料老人ホーム

地域密着型特定施設は、定員が29人以下（30人未満）の介護専用の有料老人ホームや軽費老人ホームのことです。食事や入浴などの日常生活上の支援や、機能訓練などのサービスを提供します。施設内で介護サービスを提供する内部提供型（一般型）と施設外の事業者が行う外部サービス利用型の2つのタイプがあり、要介護1以上の人が入居できます。

入所定員が少ないため、明るく家庭的な雰囲気のなか、地域や家族との結びつきを重視した運営が可能となっています。

地域密着型介護老人福祉施設とは

定員　29人以下
運営　地方公共団体、社会福祉法人など
入所条件　要介護３以上
サービス　内部

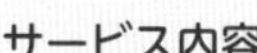

サービス内容

- 食事、排せつ介助などの身体介護
- 掃除や洗濯などの生活援助
- リハビリテーション
- レクリエーション　など

地域密着型特定施設とは

定員　29人以下
運営　民間企業、社会福祉法人、医療法人、ＮＰＯ法人など
入居条件　要介護１以上
サービス　内部と外部がある。

サービス内容

- ケアプランの作成、生活相談
- 日常生活の支援
- リハビリテーション
- レクリエーション　など

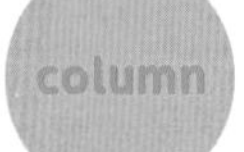

高齢者の命綱は、介護職員の「みまもり力」！

「介護職員さんの『いつもと違う』という声は、高齢者の方にとって命綱そのものです。」

これは高齢者施設で働く、一人の看護師さんの言葉です。読者の皆さんは、命を守るのは医師や看護師の役割と思っていませんか？

この看護師さんが高齢者施設に就職して間もない、ある昼時のことです。ベテラン介護職員さんが高齢者のＡさんについて、「いつもと様子が違います。すぐに来てください。」と息を切らして医務室に駆け込んできました。

Ａさんは、脳卒中を患ったことがあり、その後遺症で言葉を理解することや話すことができない方でした。そのためＡさんはどこが痛いのか、気分が悪いのかを看護師さんに伝えることができませんでした。看護師さんが把握できたことは血圧や脈拍の数値や、顔をゆがめている表情だけでした。看護師さんはこれらのサインがＡさんの生命に関わる緊急事態を表しているのか、その判断に迷っていました。

そのような中、介護職員さんはＡさんについて「いつも食事が終わったあと、使ったスプーンを拭いてくれるのですが、食事が終わったあとから右腕が重そうで、どうも動かないみたいです。」と付け加えました。このことから看護師さんは「Ａさんは命に関わる脳卒中かもしれない。」と考え、「一刻も早く検査と治療をする必要がある。」と判断しました。そして、すぐに介護職員さんに119番通報してもらえるようにお願いをしました。病院での緊急検査の結果、脳梗塞が再発していて、すぐに治療が開始されました。万が一あと数時間、治療することが遅かったら命に影響があったそうです。その後Ａさんは退院して後遺症もなく元気に施設に帰ることができました。

言葉で痛みや苦しみを表現できないＡさんの命を守れたのは、誰よりも早く体調の異変に気がついた介護職員さんの存在です。この介護職員さんは、普段からＡさんのスプーンを拭く習慣とその動作を詳細に把握し、変化がないか見守っていました。詳細な変化を見逃さない「見守る力」は、介護職員ならではの専門性です。つまり「みまもり力」は、高齢者の命綱そのものです。

杏林大学　保健学部看護学科　老年看護学　講師　古川美和

第7章

自分に合う職場を見つけるポイント

施設の規模や職場環境など、自分に合う職場に就職するために見極めるとよいポイントを説明します。

1

介護の仕事

直接介護か、高齢者向けの仕事か その1

介護業界としての仕事

介護を業界という視野で見ると、その仕事は**介護に直接関わるものと介護業界を相手にしているもの**の2つに分けられます。後者は直接的な介護ではなく、介護に関係する仕事とも言えるでしょう。例えば、老人ホームの建物を建設する際には、設計会社・建設会社が必要です。建物ができたら手すりや介護用のお風呂、ベッドやリハビリに使う高齢者用の備品が必要です。毎日の食事を提供する給食会社も入ります。介護専門の人材紹介会社や派遣会社もあります。消毒薬や使い捨て手袋などの消耗品を提供する会社、介護報酬を請求するソフトの会社など、数多くの会社が介護業界を対象とした仕事をしています。

介護用おむつ、介護食など

介護業界に商品を提供する会社のうち**成長が著しいのは大人用紙おむつを提供している会社**です。今や紙おむつは、高齢者介護には欠かせない消耗品です。紙おむつ市場は、少子化によりベビー用紙おむつの市場が縮小する一方、大人用市場は拡大傾向にあります。さらに、紙おむつの高機能化も進んでいます。皮膚呼吸を妨げない通気性、排尿後も後戻りしない機能など、介護職員がおむつ交換に関わる時間の短縮化にも貢献しています。同様に、**高齢者向けの食市場も拡大しつつあります**。この分野では農林水産省が中心となって推進しており、今後成長が見込まれます。

裾野の広い高齢者関連サービス

高齢者 要介護高齢者

高齢者食・介護食
給食・配食
業務用食材
厨房・配膳

金融
民間介護保険
信託・寄付

終活
遺言

衣
高齢者向け
介護ユニフォーム

美容
かつら
アンチエイジング

予防・未病対策
健康補助食品
ヘルスケア製品

住
住宅リフォーム
高齢者向け
マンション

交通
高齢者モビリティ

介護予防・リハビリ
生活支援サービス

介護用品・設備
ロボット、AI、IoT
介護システム

高齢者向けサービスは幅広い分野で求められています。

配食サービス、介護食など高齢者向けの食市場が拡大しています。

自立して生きるための介護予防サービスも注目されています。

2

介護の仕事

直接介護か、高齢者向けの仕事か その2

高齢者向け市場を対象とする仕事

介護の仕事を「**直接介護に関わる仕事がしたいのか**」、「**高齢者に関わる仕事をしたいのか**」の**2つの選択基準**で考えてみると、広範囲な会社選びが可能になります。例えば、高齢者に関わる仕事を希望する場合、介護事業者向けITを開発する会社なども挙げられます。現在、国は介護業務の生産性向上を推進しており、その方法としてITやロボットの普及を推進しています。その結果、介護業界を対象としたシステム会社、ロボットを開発する会社が多く介護業界に参入しています。

また、利用者が介護サービスの情報を入手するためのWEBサイトやアプリの開発を行う会社も増えてきました。さらに、高齢者向けに旅行を提供する会社、要介護者向けに老人ホームを紹介する会社など、**さまざまな分野から高齢者向け市場に参入が続いています。**

人材派遣・紹介会社

それらのなかでも特に**成長が著しいのは、介護人材や看護師を派遣・紹介する会社**です。さらに、外国人介護職員を介護施設に紹介する会社も増えています。こうした会社は、今まで本業としては介護以外の事業を行ってきましたが、高齢者介護市場の拡大を受け、市場に参入しています。このような会社では、**高齢者介護の知識のある人材が圧倒的に不足しているため、介護の経験を持ち、介護サービスを産業ととらえる人材の採用を活発化させています。**

高齢者・介護関連サービス市場

高齢者／介護関連製品・サービス市場

介護関連市場は伸びることが予想されています。

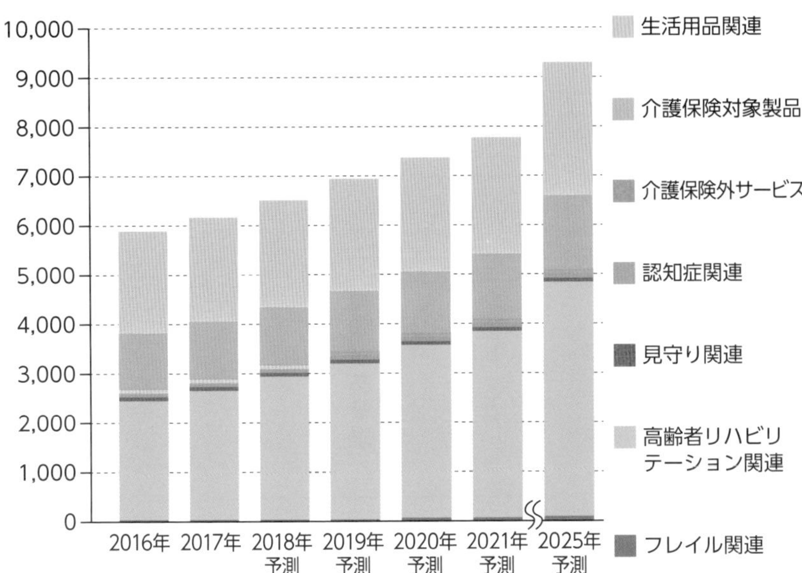

出典：富士経済　注目「高齢者」施設・住宅＆介護関連市場の商圏分析と将来性2018年

高齢者向け市場

介護業界では下記のような分野のニーズがあります。

分野	内容	対応
医療・医薬産業	・サービス…医師などの人件費、調剤報酬 ・医療器具…診断機器、処置や手術に必要な器具 ・医薬品…治療薬、診断薬、予防薬 ・施設関連費用…入院費	医療保険対応
介護産業	・在宅介護…訪問・通所サービス、介護予防支援、福祉用具 ・居住介護…短期入所サービス、グループホーム ・介護施設…介護サービス、入居費用・施設関連費用	介護保険対応
生活産業	・食料…食料品製造業、飲食店他 ・家具・家事用品…製造業、卸・小売業 ・被服・履物…繊維業他 ・交通・通信…運輸業、情報通信業他 ・教養・娯楽…教育、サービス業他	

出典：みずほコーポレート銀行　みずほ産業調査vol.39 2012年

3 法人の種類

介護事業を行っている法人主体を見てみよう

営利法人と非営利法人

介護サービスを提供している法人は、大きく分けると営利法人と非営利法人の2種類があります。営利法人は事業で生じた利益を、出資者には株の配当金を従業員には特別賞与などとして分配できます。一方、非営利法人は、「非営利」という言葉が使われているので、無料でサービスを提供すると思いがちですが、利益が出ても会員や寄付をしてくれた人に分配できないということを意味します。もちろん、非営利法人においてもサービスを行った対価として収益を上げることは必要です。非営利法人には、社会福祉法人、NPO法人、一般社団法人などがあります。

どちらも一長一短。法人主体を意識しよう

営利法人にはその目的から利益を追求する風土が根付いています。また、**非営利法人は、「社会貢献」「公共の利益」が目的**となっています。介護保険が始まってから、介護業界に営利法人と非営利法人が共存するようになったので、非営利法人においても利益を意識する法人も多くあります。

介護業界は、国の介護保険制度に基づいている事業なので、法人ごとにサービスの内容に大きな違いはありません。しかしながら、営利法人においては非営利法人よりも、〝儲かること〟を優先したサービスを行う傾向があると感じます。

法人の種類

営利法人	営利（利益を得ること）を目的として事業を営む法人。事業活動によって得た利益を構成員に分配する。
非営利法人	営利を目的としない法人。利益の分配をしない法人。

営利法人と非営利法人

代表的な営利法人と非営利法人の種類は以下のようになっています。

営利

■株式会社

■合名会社

■合同会社（LLC）

■合資会社

非営利

■一般社団法人

■一般財団法人

■公益法人

■NPO法人

■社会福祉法人

■学校法人　など

介護事業の主な法人

介護事業を行う主な法人の種類は下記のようになっています。

社会福祉法人	社会福祉事業を行うことを目的とする法人
医療法人	病院、医師又は歯科医師が常時勤務する診療所又は老人保健施設を開設する法人
NPO法人	特定非営利活動（20分野）を行うことを目的とする法人
株式会社	商行為を行うことを業とする目的をもって設立した法人

4

営利法人

営利法人の介護事業の特徴を教えてください

営利法人の参入が進む介護業界

介護保険制度の始まりによって、今まで行政と社会福祉法人が担っていた介護サービスの一部を、営利法人も担うことができるようになりました。

営利法人が参入できるサービスには、**訪問介護、デイサービス、訪問入浴介護、特定施設入居者生活介護（有料老人ホーム）、福祉用具レンタルなどがあります。**また、サービス付高齢者向け住宅の運営も営利法人である場合が多くの割合を占めています。

従来、介護は地方公共団体、社会福祉法人、NPO法人が担ってきましたが、近年は**株式会社などの営利法人の存在が際立ってきています。**

中小企業が多い介護事業者

介護事業のうち、在宅サービスなどは、初期投資が少なく参入しやすいと同時に撤退もしやすくなっています。また、多くの介護事業所の規模は10人以上19人以下の中小企業です。

中小企業のメリットは、自由度が高く、家族的な雰囲気のなか、目の届く範囲で、自らの役割がある程度明確な業務ができるので、小さな改善や工夫がすぐに実現できる点です。

デメリットは、組織として確立していないことが多く、教育・研修体制や、キャリアアップのための取り組みが不十分である事業所も多くあることが挙げられます。

営利法人の介護業界への参入

営利法人の参入の可否

営利法人が参入できる事業とできない事業があります。

<table>
<tr><th colspan="4">営利法人の参入</th></tr>
<tr><td rowspan="6">介護保険サービス</td><td rowspan="5">適用</td><td>可能</td><td>不可</td></tr>
<tr><td>居住サービス</td><td>施設サービス</td></tr>
<tr><td>・訪問介護
・訪問看護
・通所介護
・特定施設入居者生活介護　など</td><td>・特別養護老人ホーム
・介護老人保健施設
・介護医療院</td></tr>
<tr><td colspan="2">地域密着型サービス</td></tr>
<tr><td>・定期巡回・
随時対応型訪問介護看護
・認知症対応型共同生活介護　など</td><td>・地域密着型介護老人福祉施設入所者生活介護</td></tr>
<tr><td>非適用</td><td>・住宅型有料老人ホーム
・サービス付高齢者向け住宅　など</td><td></td></tr>
</table>

訪問介護の法人種別事業所数の割合

居宅サービスは営利法人の参入が進んでいます。

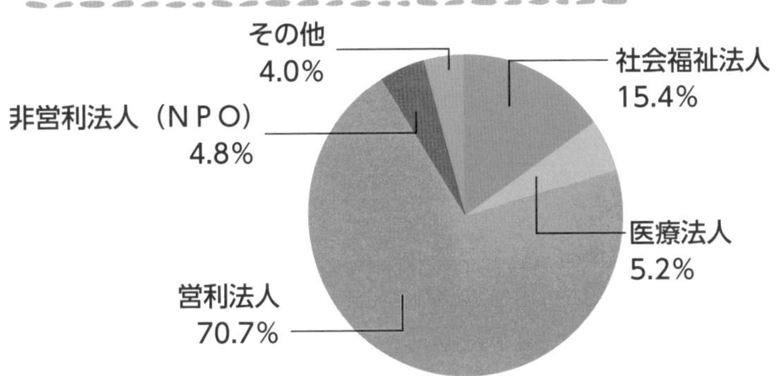

出典：厚生労働省「令和４年介護サービス施設・事業所調査の概要」をもとに作成

5

事業規模

どんな大手企業が介護業界に参入していますか？

大手営利法人の介護事業

大手営利法人の介護事業は、**介護サービスを提供する企業と、介護に必要な製品やサービスを供給する企業に分かれます。介護サービスを直接提供する企業には、専門的に介護事業を行う法人と、他の主業を持ちながら介護事業も展開する法人が含まれます。**例えば、ニチイ学館は介護の他に医療関連や保育事業も手がけています。一方、SOMPOホールディングスはもともと保険が主業でしたが、介護事業に参入し、買収を通じてこの分野での大手に成長しました。また、パラマウントベッドやフランスベッドは介護用ベッドの製造販売を行っており、ユニ・チャームのような紙おむつメーカーも大手営利法人です。

成長産業としての介護

パナソニックは「エイジフリー」ブランドで介護サービスを提供しています。ソニーは「ソニー・ライフケア」を通じて有料老人ホームなどを運営しています。住宅メーカーの大和ハウス工業は「大和ハウスライフサポート株式会社」において有料老人ホーム事業を展開しています。金融分野では、大和証券グループがオリックスグループの介護事業を買収し、介護分野へ参入しています。外食産業のゼンショーホールディングスもグループ会社を通じて介護事業を展開しています。これらの例が示すように、介護は大手営利企業にとって成長産業の一つであり、今後もさらに多くの企業が市場に参入することが予想されます。

主な介護営利法人の売上

法人名	売上高	
ニチイ学館	2,689億円※	2023.3
SOMPOホールディングス	1,358億円※	2023.3
ベネッセホールディングス	1,259億円※	2023.3
ツクイ	887億円	2023.3
学研ホールディングス	785億円	医療福祉部門 2023.9
セントケアホールディング	540億円	2024.3
ソラスト	538億円※	2023.3
ALSOK（綜合警備保障）	509億円※	2024.3
ケア21	410億円	2023.10
パラマウントベッドホールディングス	1,060億円	2024.3
フランスベッドホールディングス	585億円	2023.3
日本ケアサプライ	285億円	2024.3
ユニ・チャーム	7,938億円※	2023.12

出典：各社HPをもとに作成
※介護事業部門の売上を表しています

6

非営利法人

社会福祉法人、NPO法人はどんな法人ですか？

社会福祉法人とは

社会福祉法人は、**「公益性」**と**「非営利性」**の両面の性格を備えている法人で、1951年に制定された社会福祉事業法により創設された社会福祉事業を行うことを目的とした法人です。現在、全国に約2万法人あり、その非営利性・公益性から、運営にあたって**強い公的な規制**（土地建物の自己所有、解散した場合の余った財産は国のものになる、毎年度の行政監査等）を受けています。その代わり**法人税は原則非課税であり**、**施設を建設するときには補助金の交付**を受けられます。

社会福祉法人は利益を最大化することが目的の法人ではありませんが、営利法人と同様に、**利用者の稼働率を上げ**、**収益を高めないと**、**介護職員の待遇改善に繋がりません。**

NPO法人とは

♣NPO法人はさまざまな**社会貢献活動を行い**、団体の構成員に対し、**収益を分配することを目的としない**団体の総称です。収益の分配をしないということは、余剰利益はさらなる活動の規模の拡大、活動の質の向上、公益の増進の目的のために用いられます。NPO法人は、「特定非営利活動法人」と言い、原則、特定非営利活動を主たる目的とする必要があります。

NPO法人は20の活動分野が定められており、介護事業は「保健、医療又は福祉の増進を図る活動、社会教育の推進を図る活動等」になります。

♣NPO：「Non-Profit Organization」の略称

社会福祉事業の事業主体と事業内容

社会福祉事業の種類

社会福祉事業には、法人の種類によってできること、できないことが決められています。

第一種社会福祉事業	第二種社会福祉事業
原則として、行政及び社会福祉法人のみが事業経営可能	主として在宅サービス。株式会社やNPO法人など、全ての主体が事業経営可能
・養護老人ホーム ・特別養護老人ホーム ・軽費老人ホーム　など 事業内容はさまざまで、例えば、「救護施設」や「児童養護施設」なども、第一種社会福祉事業です。	・老人居宅介護等事業 ・老人デイサービスセンター（事業） ・老人短期入所施設（事業） ・小規模多機能型居宅介護事業 ・認知症対応型老人共同生活援助事業 ・複合型サービス福祉事業 ・老人福祉センター ・老人介護支援センター　など

NPO法人と認定NPO法人の違い

認定ＮＰＯ法人に認められると税制措置が受けられます。

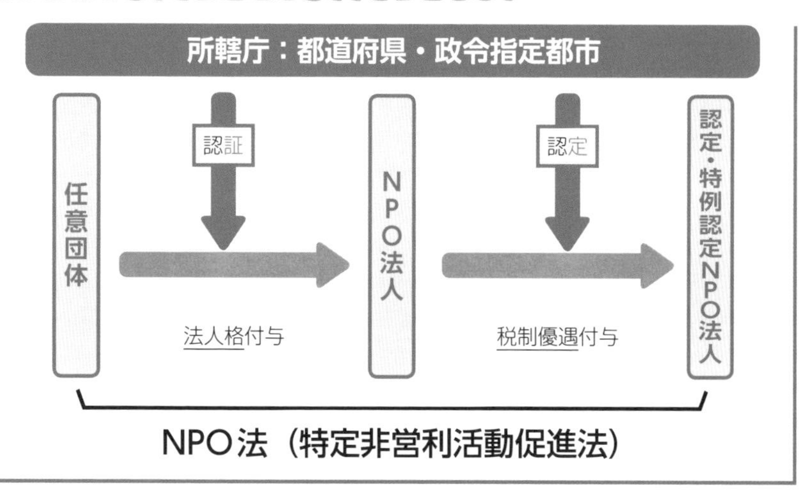

認定のしくみ

出典：内閣府ＮＰＯホームページ

第7章　自分に合う職場を見つけるポイント

7

経営状況

社会福祉法人の経営は安定していますか?

赤字の特別養護老人ホームもある

特別養護老人ホームは地方自治体や社会福祉法人が運営主体となっている公的な施設です。厚生労働省の調べでは全国に約1万施設あり、約63万人の人が入所しています。そのうち定員が29人以下のものは、地域密着型介護老人福祉施設(地域密着型特別養護老人ホーム)と呼ばれています。

独立行政法人福祉医療機構が行った「2022年度特別養護老人ホームの経営状況について」によると、**多床室を中心とする従来型特養の48・1%、ユニット型では34・5%**が赤字となっている現状が明らかになりました。赤字の理由は、サービス付き高齢者向け住宅や有料老人ホームなどの競合施設の増加、物価高騰による水道光熱費の増加などが経営に大きな影響を与えています。特養の中でも特に、定員規模の小さい施設では経営状況が厳しく、赤字施設の割合が高いことが確認されています。

社会福祉法人の経営状況を調べるには

社会福祉法人はその税制面の優遇から、事業運営の透明性の向上を求められており、WEBサイトでは各社会福祉法人の**「社会福祉法人の財務諸表等電子開示システム」**で経営状況を知ることができます。

「現況報告書」と「計算書類」があり、現況報告書では法人の理事・評議委員の構成、理事会・評議員会等の状況がわかります。

特養の経営状況

2022年度　特別養護老人ホームの経営状況　定員規模別（ユニット型・平均）

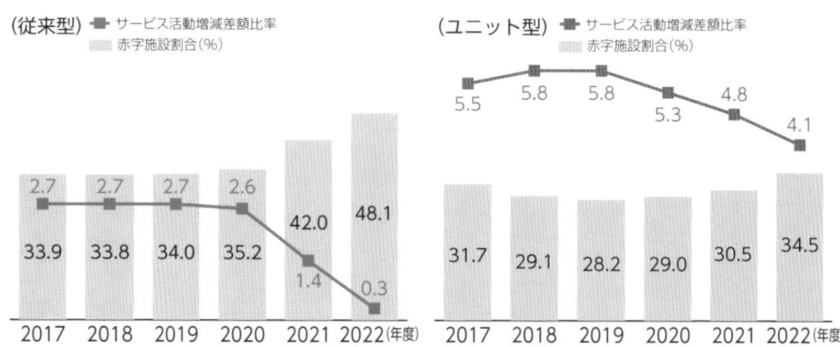

出典：独立行政法人福祉医療機構「2022年度　特別養護老人ホームの経営状況について」

社会福祉法人の現況報告書等情報検索

▸▸ https://www.wam.go.jp/wamnet/zaihyoukaiji/pub/PUB0200000E00.do

▼上記のサイトで見られるものの例

法人情報	備置き・閲覧	公表
事業報告書	○	—
財産目録	○	—
貸借対照表	○	○
収支計算書 （事業活動計算書・資金収支計算書）	○	○
監事の意見を記載した書類	○	—
現況報告書（役員名簿、補助金、社会貢献活動に関わる支出額、役員の親族等との取引状況を含む。）	○	○
役員区分ごとの報酬総額	○ （※）	○ （※）
定款	○	○
役員報酬基準	○	○
事業計画書	○	—

※現況報告書に記載

出典：厚生労働省「社会福祉法人制度改革について」

8 職場環境

介護の仕事は職場環境が働きやすさを左右する

介護労働者の離職理由

「令和４年度介護労働実態調査」によると、離職経験者のうち直前の職が介護関連であった労働者にその理由を尋ねたところ、「**職場の人間関係に問題があったため**」が27・5％で最も多く、次に「**法人や施設・事業所の理念や運営の在り方に不満があったため**」が22・8％でした。続いて、「他に良い仕事・職場があったため」、「収入が少なかったため」、「自分の将来の見込みが立たなかったため」となっています。性別で見ると、男性は「法人や施設・事業所の理念や運営の在り方に不満があったため」が30・3％で最も多く、女性では「職場の人間関係に問題があったため」が26・9％で最も多くなっています。

不満は、待遇と職場環境、人間関係に集約される

上記の調査結果によると、**多くの介護労働者の不満は待遇と職場環境に集約される**と考えられます。この中の待遇については国も課題を認識しており、さらなる処遇の改善を進めています。

介護という仕事は、**働く職員の精神的・肉体的な安定がなければ、利用者に対して質の良いケアはできません。**職員の定着率の高い事業所は、職員の心身の健康に配慮し、仕事の役割や責任の範囲、必要な能力を明確に示し、キャリアについて研修などの支援やアドバイスといった良い職場環境整備を行っていると考えられます。

介護の仕事を辞めた理由

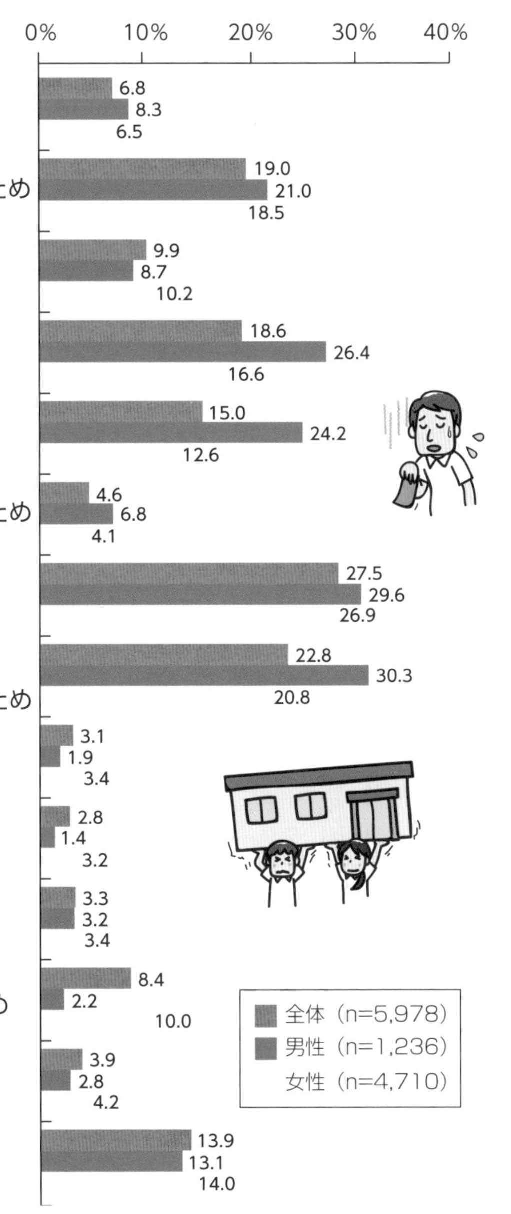

理由	全体	男性	女性
人員整理・勧奨退職・法人解散・事業不振等のため	6.8	8.3	6.5
他に良い仕事・職場があったため	19.0	21.0	18.5
新しい資格を取ったから	9.9	8.7	10.2
収入が少なかったため	18.6	26.4	16.6
自分の将来の見込みが立たなかったため	15.0	24.2	12.6
自分に向かない仕事であったため	4.6	6.8	4.1
職場の人間関係に問題があったため	27.5	29.6	26.9
法人や施設・事業所の理念や運営のあり方に不満があったため	22.8	30.3	20.8
家族の転職・転勤、又は事業所の移転のため	3.1	1.9	3.4
定年・雇用契約の満了のため	2.8	1.4	3.2
病気・高齢のため	3.3	3.2	3.4
結婚・妊娠・出産・育児のため	8.4	2.2	10.0
家族の介護・看護のため	3.9	2.8	4.2
その他	13.9	13.1	14.0

出典：介護労働安定センター「令和４年度介護労働実態調査」

9

規模

サービスの規模による働きやすさ

利用者定員から見るサービスの規模

就職先として介護サービス事業者を選ぶ時、**サービスの規模に注目する方法**もあります。サービスの規模とは、建物の大小ではなく、**利用定員**のことを指します。定員があるサービスは、在宅系サービスではデイサービスやショートステイ、施設サービスでは、介護老人福祉施設、介護老人保健施設、介護医療院、そして地域密着型サービスでは認知症グループホームなどがあります。訪問介護などの在宅サービスには、定員はありません。

介護保険施設に見られるような定員が100人以上となる規模のサービスは、組織として人事・経理・総務機能を持つ事務部門がある場合が多く見られます。対照的に地域密着型サービスに代表される定員が29人以下のサービスでは、**介護職員が事務的な業務も行うといった兼務が見られます**。

定員大・小のメリット、デメリット

事務部門があることでのメリットは、自分の介護業務に専念できることがあります。デメリットとしては役割が分業化されてしまうため事務的な作業について知る機会が限られてしまうことです。

反対に**事務部門がない場合のメリットは、利用者家族対応、行政対応、制度のしくみを理解できる機会が多くある**ことです。デメリットは、介護業務と事務業務を兼務するための業務多忙が挙げられます。

定数で考える小規模なサービス

サービス名	定員	特徴
地域密着型通所介護	18人以下	小規模なデイサービス。
認知症対応型通所介護	12人（最大）	認知症の診断がある人のみ利用できる。少人数で個別介護が可能。
小規模多機能型居宅介護	29人以下（登録定員）	事業所への「通い」、自宅への「訪問」、事業所への「宿泊」を柔軟に組み合わせることが可能。顔なじみの職員が対応。
認知症対応型共同生活介護（認知症グループホーム）	9人（1ユニット）	認知症の人が少人数で共同生活をしながら、地域の住民と交流などにより、認知症の症状緩和を図っていく。
地域密着型特定施設入居者生活介護	29人以下（定員）	小規模で運営される介護付有料老人ホームなど（介護専用型特定施設）。
地域密着型介護老人福祉施設入所者生活介護	29人以下（定員）	小規模で運営される特別養護老人ホーム。
看護小規模多機能型居宅介護	29人以下（登録定員）	小規模多機能型居宅介護のサービスに訪問看護の機能が組み合わさったサービス。より医療依存度の高い人への対応が可能。

小規模なサービスでは、一人ひとりと向き合う時間が長くなります。

10

企業理念

企業理念が浸透している組織か

企業理念とは、組織の目的であり、存在意義であり、その組織が最も大切にする基本的な考え方を意味します。企業理念は全従業員が共通認識する「組織の存在理由」「組織の定義」とも言えるものです。介護サービスにおいては多くが「理念」「ビジョン」「基本方針」という言葉で表されています。**企業理念は従業員が判断に迷ったとき、理念があるからこそ、組織が迷わずに正しい方向に進むことができるための大切なもの**と言えます。

介護サービスの違いは「理念」にもある

介護サービス事業者の大きな違いは、事業者ごとの理念にも表れています。介護サービスは、介護保険制度という全国一律の制度の枠組みの中で経営を行っています。サービスの内容も同じ、費用も同じなか、各事業者は、利用者に選ばれる事業者になるためにサービスの違いを少しでも出そうとします。その時のベースになるものが組織ごとの理念となります。**自分たちはなぜこの介護サービスを行っているのか。自分たちの目指す介護サービスは何なのかなど、介護サービス事業者にとって理念は、組織の目的を再確認させてくれるもの**です。

介護サービス事業者によっては、理念やビジョンを貼り出し、毎日唱和しているところもあります。また、職員の首掛けの名札の裏に名刺サイズの理念を入れているところもあります。介護サービス事業者を選ぶときには、この**理念・ビジョン・基本方針などがきちんとわかる事業者を選びたい**ものです。

介護サービスの違いは理念にある

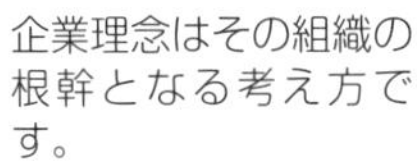

企業理念はその組織の
根幹となる考え方で
す。

理念・ビジョン・基本方針などが常に意識できるようになっているか

- 理念・ビジョン・基本方針などの掲示
- 名札に入れ常に見られるようにしている
- 意思決定や行動の基準になる信条・行動指針を作成している

11

研修

研修をしっかり行っている事業者を選ぼう

サービスの水準維持のために重要な研修

就職先として介護サービス事業者を選ぶ際に特に注目したいポイントは、従業員に対しての研修体制です。

「令和4年度介護労働実態調査」によると、全国の介護職員の全体の平均では、**女性の労働者が約7割を占め、中途採用者が多く、平均年齢は50・0歳**となっています。

介護サービスで働く人は、資格を持っていて経験のある人、資格を持っていても経験のない人、資格がない人など、さまざまなバックグラウンドを持つ人が同じ現場で介護サービスを行っています。だからこそ、介護サービスを一定の水準に維持するためにも研修は重要なものです。

研修体制と種類、受けやすさを確認する

多くの介護サービス事業者では、職員研修は重要であることを理解しています。しかし、実際は、人手不足のため研修に行くことができない、忙しすぎて研修に行けないなどで参加しづらいのが現実です。また、会社としても**研修への参加を「出勤扱い」にするか、「欠勤扱い」にするかも大きな問題**です。さらに、介護サービスを提供する職員自身へのメンタルケア研修なども研修計画が入っていることが重要です。

就職先を選ぶ際には、こうした研修体制や内容、そして**職員の研修参加率の確認も重要**な判断材料の一つになります。

介護労働者の現状と問題点

- 女性労働者が約**7割**を占める。
- 中途採用者が多く平均年齢は**50.0歳**。
- 一定の職業経験を経ている者で構成されている。
- 同一法人内での平均勤続年数は**8.7年**。

現状

出自が違うので画一的な全体研修は理解にバラツキがある。

■ 現場管理職の悩み

・労働者を適切に評価し、離職防止するマネジメントが必要
・マネジメント能力が必要な中間管理職層の育成不足
・経営層のマネジメント力が不十分

■ 中間管理職の悩み

・部下の指導が難しいです…
・経営層や管理職などの管理能力が低いから現場がうまく回らない
・業務の指示内容が不明確・不十分だから…
・上司や同僚と仕事上の意思疎通がうまくいかないんです…

■ 経営層の悩み

・忙しすぎて教育・研修の時間が十分に取れない
・なぜ良質な人材確保ができないのだろう？
・十分な賃金が払えないから仕方ないか…

出典：介護労働安定センター「令和４年度介護労働実態調査」
厚生労働省「令和４年度介護従事者処遇状況等調査結果」、著者の取材をもとに作成

12

評価

人事評価を適切に行っているか

人事評価を定期的に行っているか

経営において**人事評価は、職員定着のための重要なしくみです。**今まで述べてきたように、介護事業者の主な収入は、国の定める介護報酬になります。そして介護報酬は、3年の改定ごとに増減があります。しかし、介護事業者は、人件費である介護職員の給与を、特別な問題がない限り下げることはできません。

毎月の売上となる介護報酬の配分は介護事業者に任されており、経営者は毎年、職員の昇給をさせるべく知恵を絞っているものの、報酬単価が決まっている以上、職員全員が納得できるようにはできません。そこで、職員が確認できることの一つが「人事評価」と賃金体系のしくみです。

適正な人事評価とは

介護事業も一般の会社と同様に、売上が伸びなければ職員の給与も伸びません。

例えば施設の場合、一生懸命に利用者のケアを行っても、定員に対しての空きがあれば売上はないことと同じです。その法人が**人事評価を適切に行っているかどうかを確認するためには、介護職員等処遇改善加算の取得は一つの目安**となります。なぜならこの加算を取得するための要件に賃金体系等を整える「キャリアパス要件」という項目があるからです。

就職活動では、人事評価と共に職員の賃金が経験に応じて昇給するしくみか、資格に応じて昇給するのかなどを面接時に確認しておきましょう。

介護職員処遇改善加算とキャリアパス

介護職の人事評価シートの例

下記のような観点から人事評価が行われます。

評価要素	評価の項目
①サービス目標の実践	組織や施設のサービス目標の理解は適切であったか
	日常の業務遂行での取り組みは適切であったか
	サービス目標の実践成果は期待通りの水準であったか
②利用者志向の対応	利用者のニーズに適切に対応したか
	利用者本位の運営に努めたか
	地域福祉への貢献に配慮したか
③個別ニーズへの対応	利用者の個別の状況把握に努めたか
	ケアプランに基づく対応ができたか
	家族への情報提供は適切であったか
④サービス環境の整備	清潔な環境作りに努めたか
	危険防止、事故防止に努めたか
	四季に合わせたレイアウトへの取り組みができたか

処遇改善加算「キャリアパス要件」

①任用要件・賃金体系の整備
②研修の実施等
③昇給の仕組みの整備
④賃金改善後の年収が440万円以上である経験・技能のある介護職員を１人以上
⑤一定割合以上の介護福祉士などの配置

出典：厚生労働省「介護職員の処遇改善」

13

におい・清掃

環境は事業所を表している

人は環境に慣れてしまう

例えば施設に見学に行った際、排せつケアの最中以外で尿や便のにおいがするとしたら、いくつかの原因が考えられます。一つは、排せつケアが適切にされていないのではないかということです。このことは、もしかしたら**職員の介護スキルが十分ではない場合や、人手不足により利用者に定期的な排せつ介助がなされていない場合などが考えられます。**毎日、介護現場で働いている職員は職場の匂いに慣れてしまっており、気づかないことが多いのです。

環境整備を行っているか

清掃や環境整備も重要です。環境整備は清掃だけではなく、整理整頓がされていることも意味します。**不衛生で雑然とした環境には病原体が繁殖しやすく、感染のリスクも高まります。**就職を考えている事業所での**トイレの清掃状況は、確認すべき項目**です。あわせて可能であれば、事務所や職員の休憩場所、倉庫などの清掃状態も見学させてもらいましょう。

米国の心理学者ジョージ・ケリングが提唱した「割れ窓理論」があります。「窓ガラスを割れたままにしておくと、その建物は十分に管理されていないと思われ、ごみが捨てられ、やがて地域の環境が悪化し、凶悪な犯罪が多発するようになる」という理論です。**環境やにおいは物言わぬ事実として、事業所の様子を推測できる材料でもあると考えられます。**

環境からわかる その組織の状態例

清掃状態からわかる可能性

①仕事のしくみが確立していない
②職員が働く場に愛着を感じていない
③自分のこと以外に関心がない　など

においからわかる可能性

①シーツ交換をしていない、衣類をこまめに洗濯していない
②ポータブルトイレなどの清掃が行き届いていない
③排せつケアがきちんとされていない
④入浴をしていない
⑤除菌・消臭スプレーなどの消臭対策がされていない　など

職場環境が「割れ窓」となっている可能性

14 合う事業所

良い事業所を見つけるポイント

会社の実情は入社してわかる

良い事業所とは何が条件でしょう。それは、働く人それぞれによって異なります。しかし、実のところ、会社は就職してみないとその内実はわかりません。ただし、事前にある程度の情報収集によって、**入社後に〝こんなはずではなかった〟というリスクは減らすことはできる**と思います。

自分と合った事業所と出会うために

筆者がある老人ホームの入所者を調査した時の話です。質問項目に「このホームの食事は美味しいですか?」という設問がありました。

ある高齢者にその質問を投げかけると、「ここの食事しかわからないが多分、美味しいのではないか」という答えが返ってきました。**人は比較するものがないと、良いか悪いか判断ができない**のです。

介護の仕事選びも同様です。求人広告で目星をつけた会社があれば、実際に足を運んでみましょう。

事務所の中に入って受付でパンフレットをもらう。対応してくれた職員や事務室の中の様子をうかがうなど、実際に足を運べばさまざまな情報を得ることができます。そして、**複数の事業所を見て回り、自分の感じる直感に耳を澄まします**。そして面接では、**法人理念と、理事長や経営者の人柄を聞いてみること**をおすすめします。

自分に合った事業所の見つけ方

①調べる

ハローワーク、求人情報誌、インターネット　など

②見る

実際に下見する、パンフレットをもらう、様子を感じる

③聞く

待遇のことなど、聞きづらいことは最初の面接で聞いておく

④比較する

複数の事業所を見て回り、面接を受けたら、自分の感じる直感に耳を澄ます

column

人の役に立つという喜び

介護の仕事に就こうとしている人の志望動機は人それぞれです。おばあちゃん子だった、おじいちゃんに可愛がってもらった、親の介護をしていたなど、身近に高齢者がいた人もいれば、何となく介護の仕事であれば働き口も多いし、採用してもらえそうだなといった気軽な気持ちで始める人もいます。ですが、どんな志望動機であれ、「人の役に立ちたい」という気持ちは共通しているように感じられます。私の場合は、運動を通じて高齢者を元気にして介護が必要のない老後を過ごしてもらいたい、というものでした。

実際に介護の仕事に就いてみて、私の理想を叶えることは中々難しいですが、日々の介護業務の中で、介護が必要とされている方々に、少しは役に立てているのかなと思える場面には度々出会えることがあります。

私の元々の専門である運動を通じて、いい運動になった、少し足の筋肉がついてきて立つのが楽になった、車いすが必要なくなったなどの大きな成果をあげられた時は、とても感謝されます。また、テレビを点ける、ティッシュを手渡す、食事を配膳するといった日常の小さな手伝いであっても、「ありがとう」といって感謝の言葉をもらえる事もあります。

この小さな「ありがとう」をもらえる事で、介護の仕事をしていて良かったなと実感することができます。サービス業では、お客様に、ありがとうございました、と言う事は当たり前ですが、逆にお客様である高齢者の方から、これほど多く「ありがとう」をもらえる仕事はそう多くないのではないでしょうか。

介護の仕事は、キツイ、汚い、辛いといった、俗に言う重労働の仕事と思われがちですが、その様なイメージにつながる業務は、介護の仕事の極々一部であり、実際の仕事では、キツイ、汚い、辛いといった事は、もちろんありますが、そんな事など気にもならないぐらい、「ありがとう」で満ち溢れたとても心地よい時間を過ごすことができます。

介護の仕事は、人の役に立てている喜びを実感できる大変貴重な仕事だと感じています。

介護支援専門員・介護福祉士　福嶋一敬

第8章

さあ、就職活動をはじめよう

介護業界に就職、転職、復職する場合の就職活動の仕方や求人情報を得るための方法を紹介します。

1

転職者向け

異業種から介護業界に転職する

経験やスキルを介護業界で発揮するために

介護業界以外から介護業界に転職を考える場合は、**今までの経験や知識が介護業界で発揮できるかどうか**を、もう一度整理し考えてみましょう。介護業界は経験と資格に重きを置く業界のため、準備をせずにそのまま門戸を叩くならば、介護職員として一からスタートしなくてはならない業界です。時間を無駄にしないためにも、**自分なりのビジョンを持って**考えてみることは重要です。

将来を見据えた事業者選び

もしあなたが**将来、介護事業で独立したいと思っているのであれば、筆者は在宅サービスへの就業をおすすめします。**在宅サービスのなかでも介護の基本を学びたいのであれば、「訪問介護」がよいでしょう。訪問介護は在宅の要介護高齢者に対して居宅に訪問し介護サービスを提供するサービスであり、さまざまな高齢者と接する基本が学べます。介護の仕事の初心者であれば、就職対象先は大手介護事業者の正社員がよいと思います。なぜなら、大手介護事業者の多くは研修体制が整っているからです。一方、訪問介護を行うためには「介護職員初任者研修」の修了が必須ですが、入社時に無資格であっても資格の取得が可能な会社もあるので事前に聞いてみましょう。

また、いきなり訪問介護はハードルが高いと感じる場合には「デイサービス」をおすすめします。デイサービスは日中中心のサービスであり、夜勤がないことも特徴です。

人事担当者が知りたいポイント

下記のような内容を伝えると、人事担当者に仕事に対する考え方をアピールすることができます。

1 自分はどのような人物か

例
自分の人となりをPRする。
自分の長所・強みをPRする。
自分の得意分野を伝える。

2 介護業界で生かせること

例
管理職として組織のマネジメントができる。
クレーム対応を担当してきた。
人材育成を行ってきた。

3 介護業界を目指した理由

例
成長マーケットである。
他人のためになることをしたい。
人と関わる仕事が好き。

4 介護業界で目指すキャリア

例
介護福祉士を目指したい。
ケアマネジャーになりたい。
管理者になりたい。

5 なぜこのサービスを選んだか

例
訪問介護で個別ケアを学びたい。
老健で医療職との連携を学びたい。
特養で施設介護を学びたい。

6 なぜこの事業所を選んだか

例
研修体制がしっかりしている。
企業理念に共感した。
職員の対応がよかった。

2

学生向け

現役学生のための介護業界就職ガイド

入社した会社が自分の将来を決める

学校の就職窓口にはたくさんの求人情報が来ますが、その中から自分に合った会社を探すのは至難の業です。現役学生が介護事業者を選ぶ際には、OB、OG訪問が参考になるでしょう。実際に働いている先輩に会ってその職場を選んで満足しているかといった「本音」の話を聞いてください。

特徴のある法人を探してみよう

ハローワークや学校の求人情報以外にも役に立つ情報サイトがたくさんあります。リクルートが運営する「HELPMAN JAPAN」（ヘルプマンジャパン）と全国社会福祉法人経営者協議会が運営する「ひとりひとりが社会福祉HERO'S」はおすすめする情報収集サイトです。これらのサイトは、福祉や介護業界の就業人口を増やしていくことを目的として業界の正しいイメージ発信と定着率アップのためのノウハウを提供しており、福祉、介護業界の可能性や介護の魅力について、さまざまな情報を発信しています。また、介護業界を変革しようとしている若手経営者の情報、良い取り組みを行っている事業者情報、最近の介護のトレンドなども網羅し、情報を発信しています。介護業界の若手に共通しているのは、「社会課題を解決する」という意識です。

介護は、これから日本が迎える超高齢社会になくてはならない仕事です。暗い話題ばかりが語られがちですが、介護の世界に変革を与えるのはより良い未来を創らんとする皆さんの志です。

学生向け・参考になるサイト

ヘルプマンジャパン

リクルートキャリアが運営する介護業界で働く人・働きたい人のための情報サイトです。

▸▸ https://helpmanjapan.com

これからの介護をつくる人たち。
HELPMAN JAPAN
HELPMAN JAPANとは　お問い合わせ

最新トレンド　ヘルプマン　HMJ活動紹介　研修受講企業の声　転職アドバイス　介護の現場から　介護業界人事部　特集記事　行政・自治体の取

ホーム › HELPMAN JAPANとは

ABOUT

HELPMAN JAPANは、介護業界の就業人口を増やしていくことを目的として、介護業界の正しいイメージ発信と定着率アップのためのノウハウを提供しています。介護業界の可能性や介護の魅力について、さまざまな情報を発信していきます。

ひとりひとりが社会福祉HERO'S

全国社会福祉法人経営者協議会が運営する社会福祉の魅力を発信するサイトです。

▸▸ http://www.shafuku-heros.com/

ひとりひとりが社会福祉HERO'S　ABOUT / NEWS / EVENT / MOVIE / BLOG

ABOUT

ひとりひとりが社会福祉HERO'S とは

超高齢社会と人口減少が進み、
誰もが誰かを支え合う共生社会になっていく日本において、
私たちはもっと、
地域の人たちを巻き込んでいかなければいけない。
地域に開いていかなければいけない。

社会福祉の世界をもっとオープンに。
社会福祉の世界をもっと身近に。

そこで私たちは、
全国の社会福祉法人のスタッフが気軽に発信できる
コミュニティサイトをつくることにしました。

3

復職

介護業界に再度戻って仕事をする

介護の資格の届出制度を活用しよう

社会福祉法が改正され、2017年4月1日から**介護福祉士の資格を持っている人で、定職についていない人は、都道府県福祉人材センターに届け出ることが努力義務となりました。**また、努力義務ではありませんが、介護職員初任者研修、介護福祉士実務者研修、旧ホームヘルパー養成研修1級・2級課程、旧介護職員基礎研修を修了した人も届け出ることができます。これらはインターネットでの登録届出となりますが、書面での届けでも可能です。届出をした人には「介護のお守り」がもらえます。

届出や登録することのメリットは、福祉人材センターによる介護に関わる最新情報の提供や研修によるスキル維持・向上のサポート、就職の意志をもった時には、最適な就業場所を紹介するといったきめ細かいサービスの継続が挙げられます。

再就職準備金として40万円※

上記の届出を行い、介護事業所などで1年以上の実務経験があり、再度介護事業所などに就職する人に対して国は最大40万円までの無利子貸付を行っています。さらに2年間、介護事業所において就業した場合、その返還が免除されます。

上記以外にも、国は介護資格保持者の再就職支援を積極的に推進しています。特に介護の業務をしていた人が再度介護の仕事に就業する場合は、**各都道府県福祉人材センターに一度足を運んでみてはいかがでしょう。**

※2024年調査時の情報

介護の資格保有者の届出制度

介護の資格を持つ人が一度仕事から離れても、いつでも介護の仕事で活躍できる届出制度があります。介護にかかわる最新の情報提供や就業のサポートを受けることができます。

対象資格・研修

- 介護職員初任者研修
- 旧ホームヘルパー養成研修1級・2級
- 介護福祉士
- 介護福祉士実務者研修
- 旧介護職員基礎研修

福祉のお仕事　届出

▸▸ https://www.fukushi-work.jp/todokede/

サポート1　最新の情報をお届け

介護の仕事に関する情報や福祉・介護に関するニュース、就職活動に役立つ情報などがマイページに届きます。

サポート2　知識・技術の再習得研修や職場体験

ブランクがある人には、介護の知識・技術の研修や職場体験のサポートも行います。

サポート3　都道府県ごとのセンターがきめ細かに対応

再就職を希望する場合には、各都道府県の福祉人材センターが求職者からの相談に応じます。

4

資格取得

資格社会で生き抜くために

ハローワークを利用して資格取得

他の業界で働いていて、初めて介護業界に転職する人の場合は、**最初に「介護職員初任者研修」の資格取得を検討**するとよいでしょう。この資格を取得する方法は、自分で学校を探し受講費用（実務費用5万円～10万円程度）を払って受講することも可能ですが、ハローワークの求職者支援制度などを利用すると受講料が無料になる場合があります。

また初任者研修の上位資格研修である**介護福祉士実務者研修は、国家資格である介護福祉士を受験するための必須資格であり、修了すると訪問介護ではサービス提供責任者や、たん吸引や経管栄養などのケアが可能になります。**将来介護現場で

キャリアを重ねていくことを考えているならば、取得しておくとよい**研修資格**です。

既に持っている資格があればアピールする

介護事業は介護保険制度において事業を行っていますが、法人としては他産業と変わりはありません。有用な資格としては、**安全衛生推進者、衛生管理者**などはその筆頭として挙げられます。

また、認知症グループホームにて火災が発生したことを受け、2007年に消防法が改正され、**防火管理者**の選任義務が小規模な社会福祉施設も対象となっています。これらの資格を持っている人は、ぜひ面接時にPRをしてみましょう。

介護の資格

下記の資格を取得すると、介護の仕事をする際に役立ちます。

資格	内容
生活援助従事者研修	・施設の職員として仕事ができる。 ・訪問介護で「生活援助」のみ担当できる。
介護職員初任者研修	・訪問介護や施設の職員として仕事ができる。
介護福祉士 実務者研修	・訪問介護や施設の職員として仕事ができる。 ・サービス提供責任者になれる。 ・介護福祉士国家試験の受験資格を得られる。
介護福祉士	・介護の仕事の国家資格保持者として訪問介護や施設の職員として仕事ができる。 ・サービス提供責任者になれる。 ・チームリーダーになれる。
ケアマネジャー	・ケアプランの作成ができる。
介護事務 (民間資格)	・介護報酬の請求などに対応できる。

その他　アピールできる資格

直接、介護に関わる資格ではなくても、アピールできる資格もあります。持っている資格をもう一度確認してみましょう。

衛生管理者

疾病の予防、健康管理、換気や照明の具合など作業環境や作業内容を各方面からチェックし、健康で快適な職場環境をつくる。

安全衛生推進者

常時10人以上50人未満の労働者を使用する中小規模の事業所、営業所や工場などで、職場の安全衛生管理を行う。

防火管理者

不特定多数の人が集まる施設などで火災予防に必要な業務を推進する責任者。

5

求人検索

介護事業所の求人情報はどこにある？

ハローワークを活用する

介護の求人情報を得るとき、**初めに訪れたいのはハローワーク**です。介護事業所にとっても、ハローワークは求人情報掲載が無料ということで、**7割を超える介護事業所が利用**しています。また、介護事業所にとって、ハローワークを通しての採用の場合、さまざまな助成金を受けられるというメリットがあります。

自宅に近い介護事業所を探す方法

自分の家の近くの介護事業所を探す場合、**介護サービス情報公表システム**を使うという方法があります。これは、全国の介護サービス事業所・施設の情報が掲載されている公的ホームページです。本来、介護保険を利用するためのホームページですが、所在地や提供しているサービスから介護事業所の情報を得ることができます。

同様に**サービス付き高齢者向け住宅情報提供システム**も活用できます。サービス付高齢者向け住宅は、「高齢者住まい法」により創設された高齢者のための賃貸住宅ですが、多くの住宅には介護保険サービスの事業所が併設されています。

また、よく通る道に気になる介護事業所があれば、ぜひ**直接求人募集をしているか聞いてみましょう。**求人募集はタイミングにもよりますが、もし求人条件が合致すれば面接の機会を得ることができます。また、介護事業所側にとっても近所から人材を採用できることは大きなメリットとなります。

求職に使えるサイト

介護サービス情報公表システム

▸▸ https://www.kaigokensaku.mhlw.go.jp/

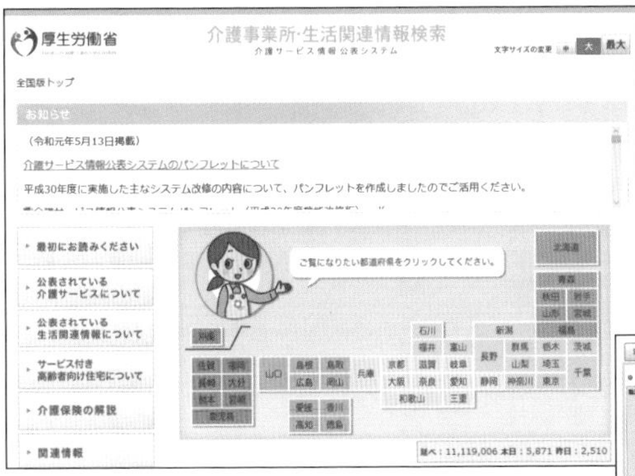

就職の観点から介護事業所を探すことができます。

サービス付き高齢者向け住宅情報提供システム

サービス付高齢者向け住宅のさまざま情報を得ることができます。

▸▸ https://www.satsuki-jutaku.jp/

6 人材紹介

自分に合った職場を見つけるために

人材紹介会社を利用する方法

介護人材の不足により、介護職を専門とする人材派遣・紹介会社の拡大が続いています。人材紹介会社を利用するメリットは、専任の担当者が就業先候補と面接の調整から待遇などの交渉を行ってくれるなど、採用に係る手間を人まかせにできることです。紹介会社は紹介先に人材を紹介した成功報酬として、年収の2割から3割をもらうことで成り立っています。このことから、**人材紹介会社を利用している法人は、ある程度資金に余裕がある法人**と言えます。さらに経営に関わる人材を強化したい法人は管理職専門の人材紹介会社に依頼しています。介護保険が始まった頃はこうした人材紹介会社は数社程度しかありませんでしたが、さまざまな企業が介護事業に参入している現在では、人材紹介会社を上手に利用することも一つの方法です。

求人広告は情報過多

インターネットの求人広告は、企業がお金を出すほどその広告が上位に来ることで成り立っています。新聞の折込チラシやフリーペーパーは、事業所は求人広告枠が大きいほど高い費用を支払っています。一方、**新規開設以外で常に求人広告を出している事業者は、人材が定着していない可能性もあります。**求人広告で見るべきポイントは、「やりがい」とか「楽しい」などといった言葉ではなく、他社の求人広告と比べて特徴を表している言葉や内容に注目してみましょう。

面接で聞きたい質問リスト

賃金について

- ☑ 介護職員等処遇改善加算は取得してるか？
- ☑ 介護職員等処遇改善加算を取得している場合、給与・賞与・一時金のどの方法か？
- ☑ 昇給はあるか？ ある場合、いつの時点か？
- ☑ 人事考課は、年何回あるか？
- ☑ 職員のためのメンタルケアを何かしているか？
- ☑ 賞与はあるか？ ある場合、平均何か月か？
- ☑ 退職金制度はあるか？ ある場合、支給条件はあるか？
- ☑ 車通勤の場合、駐車場代は、会社負担か？ 自己負担か？

資格取得支援・研修について

- ☑ 資格の支援制度はあるか？ ある場合、何の資格か？
- ☑ 職員研修はどのようなものがあるか？ 新入社員も受けることができるか？
- ☑ 研修出席のため、休んだ場合、欠勤扱いか？ 出勤扱いか？

事業について

- ☑ 施設の場合、入居率は何パーセントか？
- ☑ 訪問介護以外のサービスの場合、稼働率は定員に対して何パーセントか？
- ☑ 今後、介護サービスの事業展開をする予定か？
- ☑ 福祉サービスの第三者評価は受けているか？

column

私の国際介護士としての道のり

私は介護福祉士であり、新しいブランド「国際介護士」を創設しました。これは、アジア諸国を中心に日本式介護を広める活動です。今日は、私がなぜこの仕事を選んだのかや現在の仕事内容についてお話しします。

私は幼い頃、内向的で人と関わることが苦手でした、目標にしていたことも挫折。何をしようか迷っている中、手に職をと思い介護の世界に入りました。ヘルパー２級を取得し、特別養護老人ホームで働き始めました。その後、介護福祉士の資格を取得し管理職として任されることも増えてくる中、教育に興味を持ち2016年にフリーランス介護福祉士として独立し、国際介護士を創設しました。

一般社団法人国際介護士協会を設立し、国際介護士の認定資格を創る取り組みと国内外では介護教育や技術研修を行っています。また、新たに福祉美容分野を海外へ拡げるプロジェクトも進めており2024年６月に国際エイジレス美容協会を設立予定です

国際介護士はまだ世間で認知されていない部分もありますが、海外へ行き気づいたのは日本の介護レベルの高さです。介護の仕事を通じて多くの人生に触れることができ、やりがいを感じています。しかし、現場では人材不足や賃金の低さなどの課題もあります。それでも、私は介護職に価値を感じ誇りに思える仕事になりました。それを伝えて行くことが私の使命だと感じています。

最後に、福祉の仕事を目指す学生に向けてメッセージを送りたいです。介護の仕事は大変な側面もありますが、その中には多くの喜びや成長があります。介護職としての初出勤時に緊張している中で、一人の認知症を患っている女性から「頑張っているね」と言われた瞬間、私の居場所はここだと思えたことが原点にもなっています。介護はその方一人一人の生活を支える大切な仕事です。興味を持たれている方はぜひ挑戦してみてください。また、国際介護士にも興味があれば、世界に広がる介護の可能性を一緒に追求していけることを楽しみにしています。介護の仕事は決して簡単ではありません。簡単でないからこそ大きなやりがいと喜びが待っています。ぜひ、福祉の道を進む中で自分の成長や価値を見つけてください。

一般社団法人国際介護士協会　代表理事　上地智枝

第9章

これからの介護業界

介護業界は今後どのようになるのか、介護業界の今後の可能性や新しい動きについて説明します。

1

未来

今後の介護業界のトレンド

新しいサービス

日本において、三世代が一緒に暮らす大家族は昔のものとなりました。それを現在に蘇らせたのが、**介護付シェアハウス**です。高齢者から学校帰りの子ども、若者、外国人など、さまざまな事情を抱えた人たちが集まって過ごしています。

また、田舎だけではなく、都会にあっても〝**買い物困難者**〟が増えてきました。農林水産省（2020年）によると、その数は900万人と推計されています。それに対応しているのが、軽車両で各地をまわる「移動店舗」と高齢者などを店舗へ送迎する**「買い物支援事業」**です。

また人間だけでなく、ペットの高齢化に対応した介護サービスも登場しています。

介護とAI

各業界でAI（人工知能）が導入され始めましたが、介護業界も例外ではありません。ケアプランやケア方法の指導にも、AIが活用され始めています。

例えば、デイサービスの送迎ルートの効率化や、高齢者との会話支援にAIを搭載したスピーカーやロボットも登場しています。

介護現場では、長い間、勘や経験に基づいて介護が行われてきました。しかし近年ではテクノロジーの発達に伴い、介護にも根拠が求められています。AIの発展は今後、介護業界において大きな役割を果たすでしょう。

近未来の介護のイメージ

医療従事者・介護従事者のスキルにかかわらず、遠隔からでもベテランスタッフの指導を受けることで誰もが質の高いサービスを受けられる。

生活支援ロボットや見守りロボットなどの導入で介護職員は利用者に向き合う時間を増やし、その人のより良い生き方の支援に力を入れられる。

年老いて体が動かなくなっても、アシストスーツで走ることができるようになる。認知症になっても、体が動かなくても人工知能やロボットの助けで社会参加できる。

体調の変化に気づくことができ、その人の気分や体調に合わせた仕事や生活の仕方ができる。

2 ロボット

どんな介護ロボットが使われていますか？

導入が進む介護ロボット

年々要介護者の人口が増える一方で、介護職の人手不足は解消されていません。そこで、介護ロボットへの需要が高まっています。国も働き手の減少と、高齢化の進展に伴う介護ニーズの増大が見込まれる中、介護ロボットの普及促進を図っています。経済産業省では開発メーカーを補助金で支援し、厚生労働省では介護現場での実証と介護報酬での評価をしています。

介護ロボットの種類

介護ロボットは、要介護者の自立を支援するロボットと介護の仕事をしている人の業務を助けるロボットに分けられ、移乗や入浴、排せつなどを支援する**介護支援型**と、歩行やリハビリなど要介護者の自立を支援する**自立支援型**などに分けられます。

国が進める「ロボット技術の介護利用における重点分野」では、介助者のパワーアシストを行う移乗介助、高齢者の外出に伴い、歩行支援や転倒予防などを行う移動支援、排せつ物の処理や排せつの予測、トイレへの誘導、排せつ動作の支援などを行う排せつ支援、居宅および施設においてセンサーや外部通信機能を備えた機器を用いる見守り・コミュニケーション、浴槽への出入りをする際の動作を支援する入浴支援、介護業務に関する情報を収集し、介護業務に活用する介護業務支援の6分野が指定されています。

介護とロボット

日本の介護ロボットの市場規模

介護のＩＴ化に伴い、介護ロボット市場の拡大が予想されています。

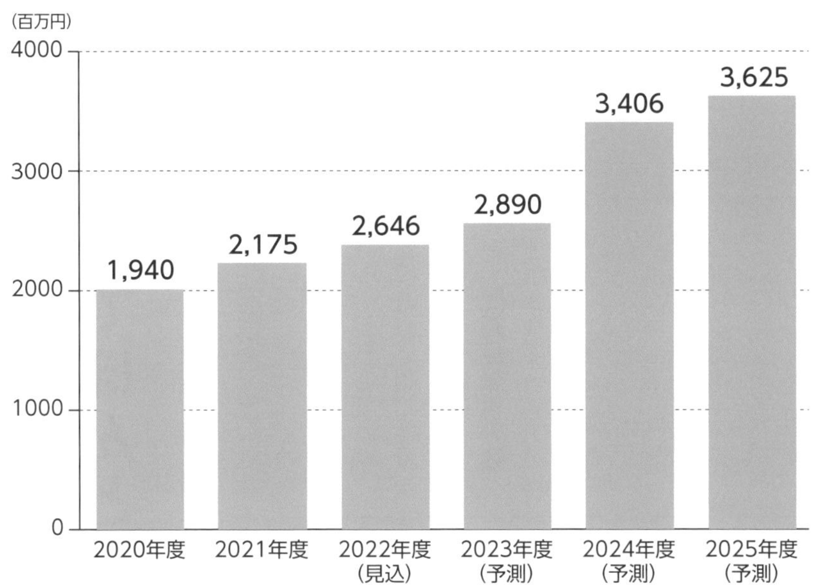

出典：矢野経済研究所（2022）

介護ロボットの種類

介護支援型

移乗・入浴・排せつなど

自立支援型

歩行支援・リハビリ・食事・読書など

コミュニケーション・セキュリティー型

癒し・見守りなど

3

認知症

これから認知症高齢者が増えるってほんと？

統計から見る認知症患者数

２００2年に１４９万人だった65歳以上の認知症の患者数はその後10年で倍増し、現在も増え続けています。65歳以上の高齢者に占める認知症患者の割合は10パーセントを超えていると言います。今後、高齢者の増加に伴い、**認知症患者の数も割合もさらに増える**ものと予測されています。

増加の原因

「認知症」は病名ではありません。認知症は、さまざまな原因となる疾患により認知機能が低下し、生活に支障が出ている状態のことを言います。原因となる主な疾患は、アルツハイマー型認知症、脳血管性認知症、レビー小体型認知症などです。

認知症は加齢とともに発症率も高まります。事実、80歳を超えると5人に1人、90歳を超えると2人に1人が認知症になっているのです。超高齢社会を迎えた日本において、認知症患者が増えているのは当然かもしれません。

認知症の治療には、薬を使う方法と使わない方法があります。**介護では、薬を使わずに残っている認知機能や生活能力を高めていく支援がより重要な役割となっています。**

２０２４年1月1日には増加する認知症の人々を国民全体で支援する「共生社会を実現するための認知症基本法」が施行されました。この法律は、国と地方が認知症対策を策定し、正しい理解を普及させ、国民や企業も認知症の方々の尊厳ある生活支援に貢献することを求めています。

増加する認知症高齢者

日本における認知症の人の将来推計

認知症の高齢者は増加し続けると予想されています。

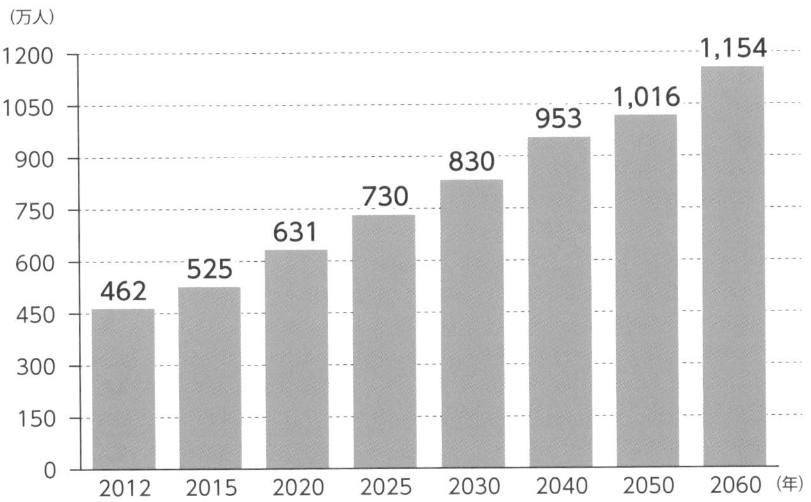

出典：厚生労働省「認知症施策の総合的な推進について」をもとに作成

「加齢によるもの忘れ」と「認知症によるもの忘れ」の違い(一例)

	加齢によるもの忘れ	認知症によるもの忘れ
体験したこと	一部を忘れる 例）朝ごはんのメニュー	すべてを忘れている 例）朝ごはんを食べたこと自体
もの忘れの自覚	ある	ない
探し物に対して	（自分で）努力して見つけようとする	誰かが盗ったなどと、他人のせいにすることがある
日常生活への支障	ない	ある
症状の進行	極めて徐々にしか進行しない	進行する

出典：政府広報オンライン

4

外国人

外国人介護士は今後増えていきますか？

慢性的な人手不足

介護業界は仕事の厳しさに比べて、見合った収入が得られないとして、慢性的な人手不足に陥っています。中でも若者はこの仕事に就こうとしません。加えて、日本では15歳から64歳までの生産年齢人口が減少の一途をたどっています。

介護にかかわらず、人手不足の業界は少なくありません。そこで、政府は♣入管法を改正して、外国人労働者の受け入れ拡大に動き出しました。

介護も外国人に頼る時代

介護の現場で外国籍の人が働くためには「**在留資格**」が必要です。2008年から開始された「**EPA（経済連携協定）**」は、フィリピン、インドネシア、ベトナムで看護師・介護士資格を持つ人が日本の病院や介護施設などで働きながら日本の看護師・介護福祉士国家資格を受験するものです。この制度は経済活動に関する二国間の連携強化が目的で、介護人材の補充のためのものではありません。

一方、2017年に対象を介護の分野まで広げた「**外国人技能実習制度**」は国際貢献が目的です。しかし、実際には問題が多くあったため、これを解決するため新たな「育成就労」制度が検討されています。そして2019年から受け入れが開始された「**特定技能**」では、介護という技能を持った外国人が日本で働くことを目的とした在留資格です。今後、介護の現場に外国人が増えていき、外国人に頼らなければ日本の介護が成立しないことは間違いありません。

♣**入管法**：出入国管理及び難民認定法

外国人介護職員

外国人介護職員を雇用できる４つの制度

	介護福祉士の資格	期間	日本語能力は？
EPA	資格なし ※資格取得を目的	永続的な就労可能 ※資格取得後	N3程度 ※入国時の要件は インドネシア・フィリピン：N5程度、ベトナム：N3
在留資格「介護」	介護福祉士	永続的な就労可能	N2程度
技能実習	資格なし	最長５年	N4程度 ※入国時の要件
特定技能	資格なし	最長５年	入国時の要件は ・ある程度 日常会話ができ、生活に支障がない程度の能力 ・介護の現場で働く上で必要な日本語能力

出典：厚生労働省　外国人介護職員の雇用に関する介護事業者向けガイドブックより一部加工

介護分野における特定技能外国人受入れの現状

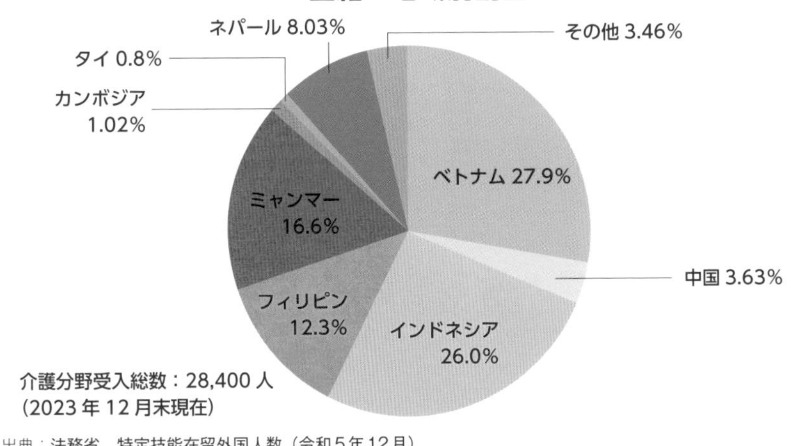

出典：法務省　特定技能在留外国人数（令和５年12月）

5

混合介護

介護事業所の可能性を広げる混合介護って？

混合介護の定義

介護サービスには、**介護保険法が適用される介護保険サービスと、適用されない介護保険外サービスがあり、これを合わせたのが混合介護**です。介護保険サービスは1割の負担ですみますが、介護保険外サービスは全額負担です。

混合介護を提供する場合、厚生労働省では「介護保険サービスと介護保険外サービスが明確に区分されていること」として、「この2つのサービスを同時・一体的に提供してはならないこと」という規定を設けています。

例えば、要介護者の自宅へ訪問介護に出向き、介護保険サービスの掃除をした後、続けて介護保険外サービスとなる庭木への水やりを頼まれた場合がそれに相当します。

厚生労働省は、2018年9月に混合介護の取扱いに関する通知を各自治体に出しました。今まで各自治体間であいまいだった混合介護のルールを整理するためです。

混合介護の普及の可能性

東京都では豊島区と連携し、2021年3月までモデル事業として混合介護（選択的介護）を行いました。その結果、利用者や家族の満足度は高く、サービス利用による利便性の向上、安心感が得られたと報告されています。

今後、さまざまなニーズを待つ高齢者が増えていく中、介護保険だけでは対応できないサービスは拡大していくものと考えられます。

混合介護とは

介護保険サービスを利用している要介護者が介護サービス事業者が提供する介護保険外サービスも自費で利用することです。

混合介護の考えられるメリットとデメリット

メリット	デメリット
要介護者の生活の質を上げられる	利用者の費用がかさむ
同居家族の負担が軽減される	利用者がどのサービスを選択するか、判断がしにくくなる
介護サービス事業者は収益を上げられる	儲かる利用者、儲かるサービスだけに仕事が集中する可能性あり

6

その他の介護

家政婦（夫）としての介護の仕事

紹介所の仕事を考えてみる

介護の仕事は介護保険事業者に属して介護を行う以外にも、**介護保険を利用しない高齢者や障がい者に介護サービスを行う仕事もあります。その代表的なものは、家政婦（夫）でしょう。**介護保険サービスにおいては、介護に関わる業務が細かく決められており、できないことも数多くあります。そこで、利用者のニーズに応えるため家政婦（夫）が介護保険ではできない業務を行い、その存在を再評価されています。

仕事としての家政婦(夫)のメリット

多くの家政婦（夫）紹介所は、その歴史から介護保険の訪問介護事業を兼業しているところも多く、家政婦（夫）と訪問介護ヘルパーの両方で登録している人が多くいます。家政婦（夫）の仕事は利用者との直接契約になるため、介護保険の訪問介護と異なり、**毎回同じ利用者に支援を行うという安心感があります。**また、**公益社団法人日本看護家政紹介事業協会では、「家政士検定」という厚生労働大臣認定の公的資格の検定制度を実施しており、**家政婦（夫）の業務水準向上を推進しています。

さらに近年拡大しているのが「家事代行サービス」です。これは、主に、共働きの増加などにより家事ができない利用者宅を訪問し、家事の代行を行うサービスです。年々拡大しており、市場規模は698億円から2025年には2千億円以上の市場規模になると予測されています。

家政婦㈹・家事代行の可能性

	対象	形態	資格
①家政婦（夫）	単身者 高齢者 障害者 子ども　他	職業紹介	不要
②訪問介護	高齢者	介護保険サービス	必要
③家事代行	単身者 高齢者 障害者 子ども　他	派遣 請負	不要

家政婦（夫）の雇用関係

家政婦（夫）を利用する場合は、利用者が家政婦（夫）を雇うことになります。

雇用関係

家政婦（夫）　　利用者

家事代行サービスの市場規模

共働き世帯の増加などにより家事代行サービスの市場規模は拡大しています。

698億円
（2017年）

2025年予測
2,176億円
〜
8,130億円

出典：野村総合研究所

7

保険事業以外

介護保険事業以外にも目を向けよう

介護認定を受けている高齢者は約2割

今後拡大する介護市場ですが、もう少し広い視野で見てみると違った景色が見えてきます。厚生労働省によると、65歳以上の要介護認定者数の割合は、約19%となっています（2022年5月）。

つまり、やや乱暴な言い方ですが、**65歳以上の高齢者の約8割は介護がまだ必要でない高齢者**と考えられます。当たり前のことですが、介護サービスはあくまでも高齢により介護状態になった人のためのサービスであり、残りの約8割の高齢者に対しては、**介護以外のサービスが期待されます。**これは、いわゆる元気な高齢者向けのサービスと言われるもので、シルバーフィットネス、趣味・教養など広範囲の商品やサービスが該当します。

サービス産業としての介護

介護保険サービスは見方を変えると、**雇用と付加価値を生み出しているサービス産業として捉えることもできます。**また、介護分野は２０２５年には市場規模が推計15兆円になる成長が見込まれる産業の一つと言えます。

そして、介護の仕事は全国で需要があり、**資格やスキルがあれば多くの就業先が見つかる分野です。**

さらに全世界が高齢化へと進む中、そのトップランナーである日本の介護は、諸外国からも注目を浴びており、日本で培ったサービスノウハウを産業として海外に輸出する時代も目前に迫っています。

介護認定を受けている人は約2割

65歳以上の1号被保険者のうち
介護認定を受けている人は
約19%

65歳以上高齢者
（第1号被保険者）
3,590万人

要介護（支援）認定者
691.4万人

未認定
2,898万人

出典：厚生労働省　介護保険事業状況報告の概要（令和3年4月暫定版）

元気な高齢者向けサービス

生活支援事業	健康事業	健康増進事業
見守り	フィットネス	教育
宅配	スイミングスクール	カラオケ
リフォーム	マッサージ	旅行

生活産業

介護の現場でロボットが働く日はいつくるのか？

介護の現場でも、すでに多くのロボットが活躍し始めています。すでに介護向けに開発されたロボットは介護ロボットポータルサイト（ http://robotcare.jp/）にて、100機種あまり紹介されています。

その中身を見ると移動介助機器や排泄支援機器、見守支援機器など、6分野13項目に分かれています。分野の名称には大きな特徴があります。「介助」「支援」という言葉が並んでいることです。この中には高度なＡＩを駆使し、自律的に介護してくれるようなアトムのような人型ロボットはまだ誕生していません。さらに、多くの介護ロボットの開発は進んでいますが、普及と呼べるまでにはまだ導入が進んでいないのが実情です。

では導入が進まない課題には何があるのでしょうか？ それには、3つ要因があります。まずは、価格の壁。ロボットを利用した際の費用対効果が課題です。決して安いモノではないため、積極的な導入が進まないのです。次に、使い勝手の壁です。職員が使いこなせるかどうか不安。ロボットの使い方を学ぶ必要性というものです。最後に、社会的イメージの壁です。“医療・介護従事者がロボットに代わってほしくない”という考えがまだ多いです。

では、介護の現場でロボットが働く日はいつくるのでしょうか？ 私の答えは、少しずつロボット化が進むが、ロボットだけですべての介護業務が出来る日は、そんなに簡単には来ない。とくに高度な技術や、コミュニケーション能力を必要とする業務は、当面ロボット化されないと思います。

もっとも最初に導入される分野は、清掃や荷物運搬ではないかと考えています。すでに、アイロボット社のルンバなどの、ロボット掃除機を導入されている施設もあります。これも、一つのロボット化と十分言えます。ファミレスなどでよく見かけるようになった配膳ロボットもそのまま介護の現場で使うこともできます。このような分野のように、介護の現場の周辺業務は徐々にロボット化が進むと考えられます。

ugo株式会社取締役CSO/フューチャーリスト　羽田卓生

資料

高齢化の現状や介護の仕事のキャリアアップの流れ、介護現場で使われるサービスの略称など、介護の仕事に就くなら知っておきたい情報を集めました。

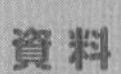

資料 高齢化の現状

単位：万人（人口）、%（構成比）

		2023年9月15日		
		総数	男	女
人口（万人）	総人口	12,442	6,053	6,389
	65歳以上	3,623	1,572	2,051
	うち70歳以上	2,889	1,215	1,675
	うち75歳以上	2,005	798	1,208
	15～64歳人口	7,398	3,753	3,645
	15歳未満人口	1,421	728	693
構成比（%）	総人口	100.0	100.0	100.0
	65歳以上人口（高齢化率）	29.1	26.0	32.1
	うち70歳以上	23.2	20.1	26.2
	うち75歳以上	16.1	13.2	18.9
	15～64歳人口	59.5	62.0	57.1
	15歳未満人口	11.4	12.0	10.8

資料：総務省「人口推計」2023年9月15日（推計値）

高齢化率は29.1%

15歳未満の人口の約3倍

出典：総務省 「統計からみた我が国の高齢者」（令和５年９月17日）

資料 **世界の高齢化率の推移**

1. 欧米

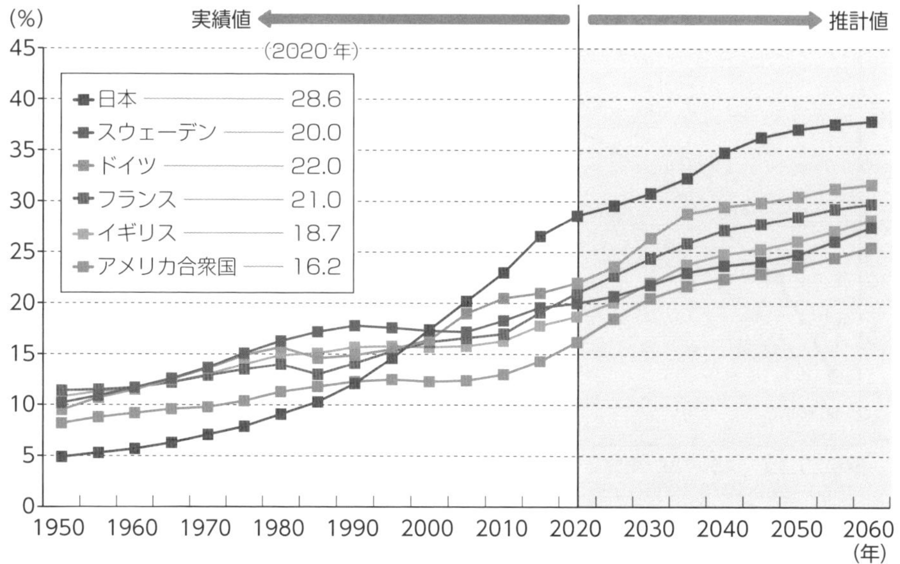

2. アジア

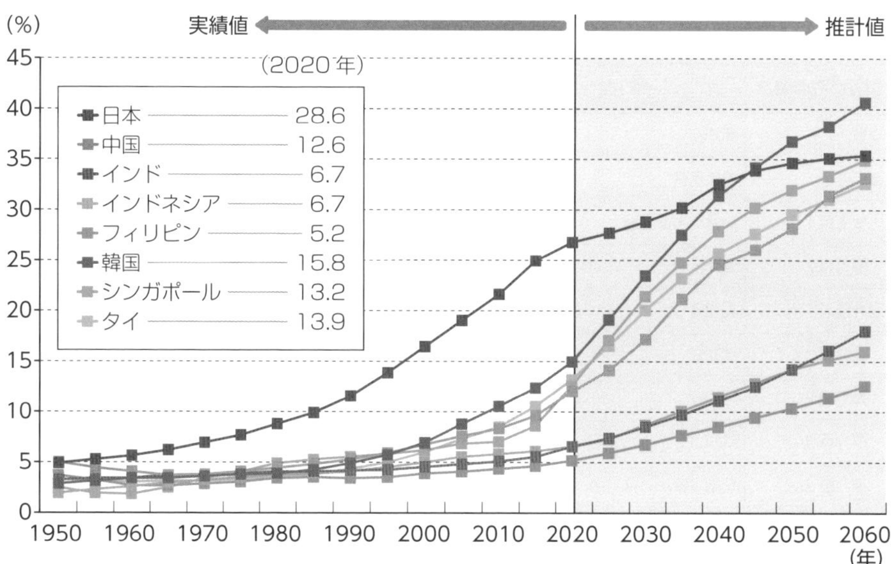

出典：内閣府「令和５年版高齢社会白書」

平均寿命の推移と将来推計

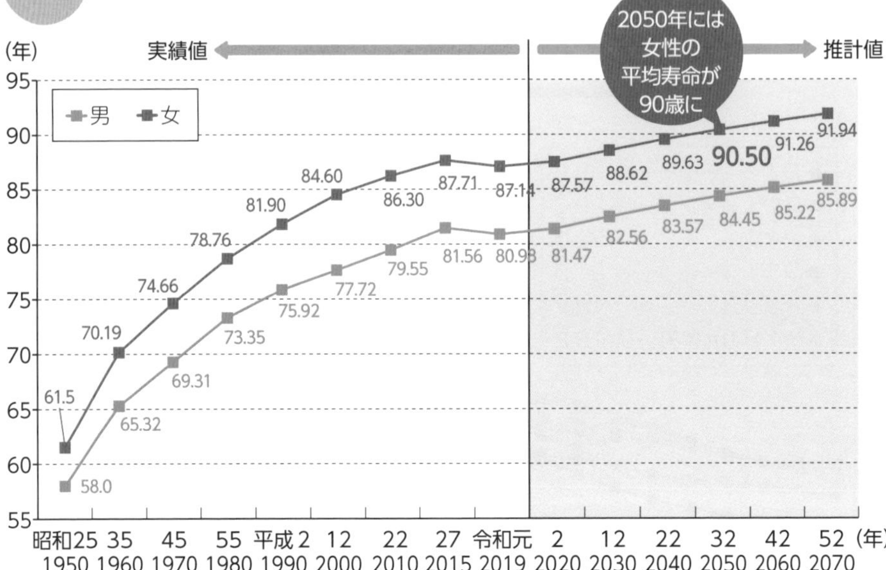

出典：内閣府「令和５年版高齢社会白書」

要介護度別にみた介護が必要となった主な原因（上位３位）

(単位:%)　　2022(令和４)年

現在の要介護度	第１位		第２位		第３位	
総数	認知症	16.6	脳血管疾患（脳卒中）	16.1	骨折・転倒	13.9
要支援者	関節疾患	19.3	高齢による衰弱	17.4	骨折・転倒	16.1
要支援１	高齢による衰弱	19.5	関節疾患	18.7	骨折・転倒	12.2
要支援２	関節疾患	19.8	骨折・転倒	19.6	高齢による衰弱	15.5
要介護者	認知症	23.6	脳血管疾患（脳卒中）	19.0	骨折・転倒	13.0
要介護１	認知症	26.4	脳血管疾患（脳卒中）	14.5	骨折・転倒	13.1
要介護２	認知症	23.6	脳血管疾患（脳卒中）	17.5	骨折・転倒	11.0
要介護３	認知症	25.3	脳血管疾患（脳卒中）	19.6	骨折・転倒	12.8
要介護４	脳血管疾患（脳卒中）	28.0	骨折・転倒	18.7	認知症	14.4
要介護５	脳血管疾患（脳卒中）	26.3	認知症	23.1	骨折・転倒	11.3

注：「現在の要介護度」とは、2022（令和４）年６月の要介護度をいう。

出典：厚生労働省「国民生活基礎調査」（2022年）

資料 どこでどのような介護を受けたいか

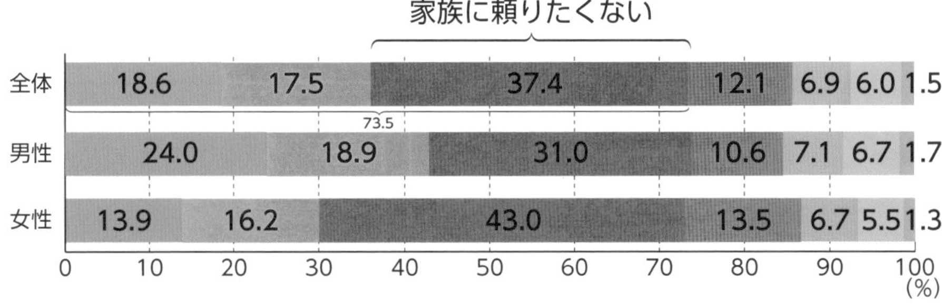

出典：内閣府「高齢社会白書」（平成30年版）

資料 介護・看護により離職した人数（介護離職）

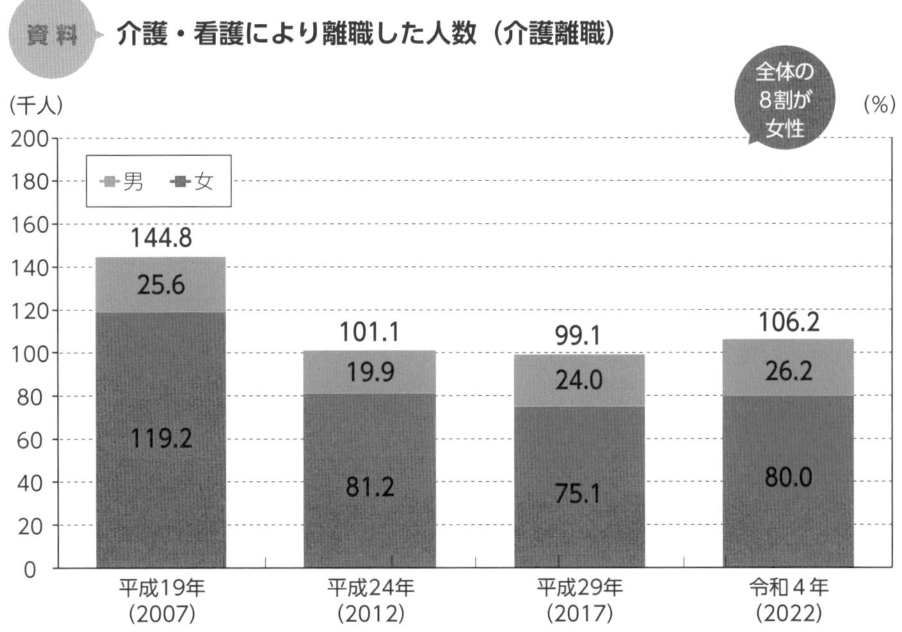

出典：総務省「就業構造基本調査」（平成19年、24年、29年、令和４年）

資料 介護資格について

認定介護福祉士 5年以上の実務経験＋600時間の研修	・多様な生活障害のある利用者に質の高い介護を実践 ・介護技術の指導や職種間連携のキーパーソンとなり、チームケアの質を改善
介護福祉士（国家資格）	・利用者の状態に応じた介護や多職種との連携を行うための幅広い領域の知識・技術を修得し、的確な介護を実践
介護福祉士実務者研修（450時間）	・実務での経験や基礎的な知識・技術を整理し、新たに学んだことを含め、「考えて行動できる介護」を実践
介護職員　初任者研修 （130時間）	・在宅・施設で働く上で必要となる基本的な知識・技術を修得し、指示を受けながら介護業務を実践
生活援助従事者研修 （59時間）	・生活援助のみの訪問介護員として従事することができる
入門的研修 （21時間）	・介護の基本的な知識や技術を身につけ、家庭や地域で介護の担い手として活躍できる

参考：一般社団法人認定介護福祉士認証・認定機構、厚生労働省

資料 各種研修等と従事できるサービス

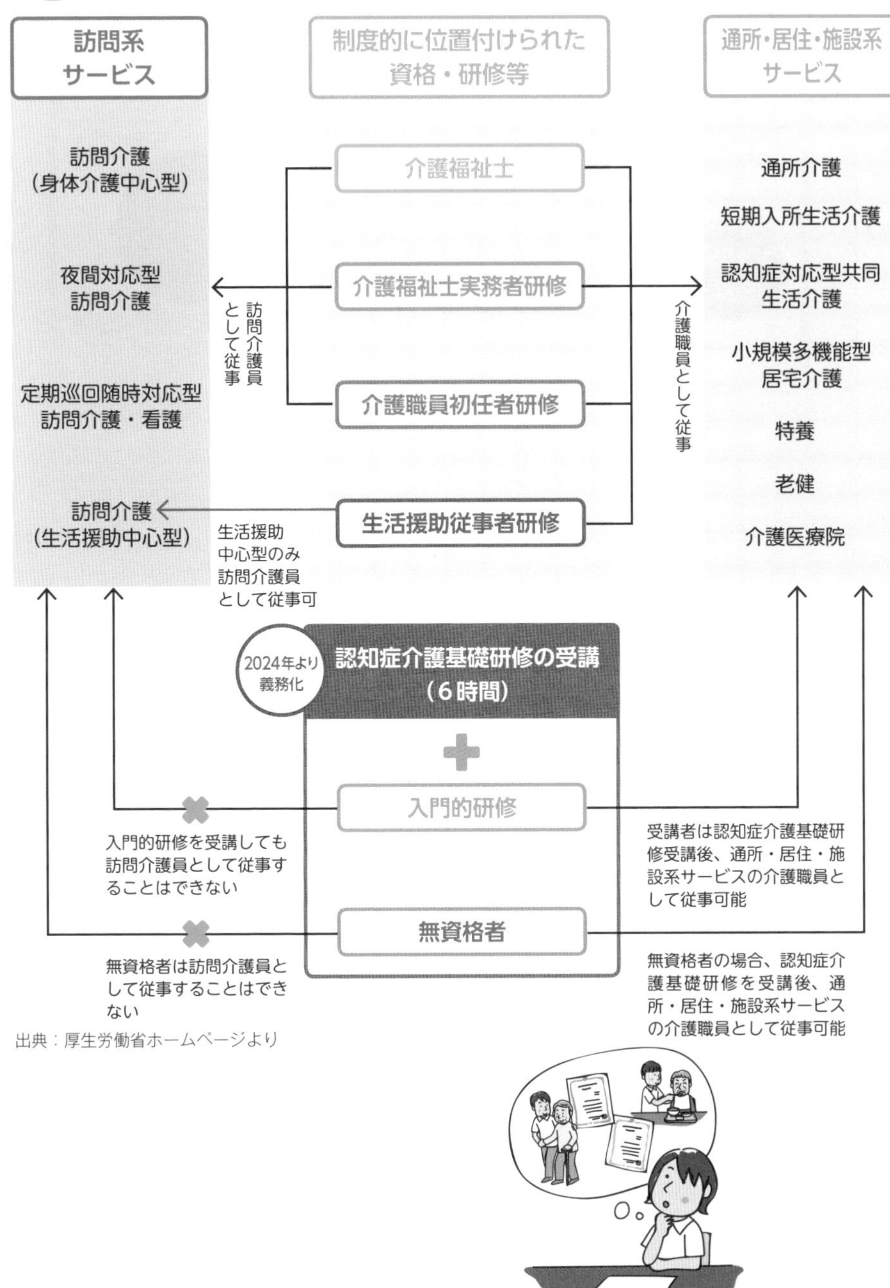
訪問系
サービス
制度的に位置付けられた
資格・研修等
通所・居住・施設系
サービス
訪問介護
（身体介護中心型）
夜間対応型
訪問介護
定期巡回随時対応型
訪問介護・看護
訪問介護
（生活援助中心型）
介護福祉士
介護福祉士実務者研修
介護職員初任者研修
生活援助従事者研修
訪問介護員
として従事
介護職員として従事
生活援助
中心型のみ
訪問介護員
として従事可
通所介護
短期入所生活介護
認知症対応型共同
生活介護
小規模多機能型
居宅介護
特養
老健
介護医療院
2024年より
義務化
認知症介護基礎研修の受講
（6時間）
入門的研修
無資格者
入門的研修を受講しても
訪問介護員として従事す
ることはできない
無資格者は訪問介護員と
して従事することはでき
ない
受講者は認知症介護基礎研
修受講後、通所・居住・施
設系サービスの介護職員と
して従事可能
無資格者の場合、認知症介
護基礎研修を受講後、通
所・居住・施設系サービス
の介護職員として従事可能

出典：厚生労働省ホームページより

資料 賃金構造基本統計調査による介護職員の賃金の推移

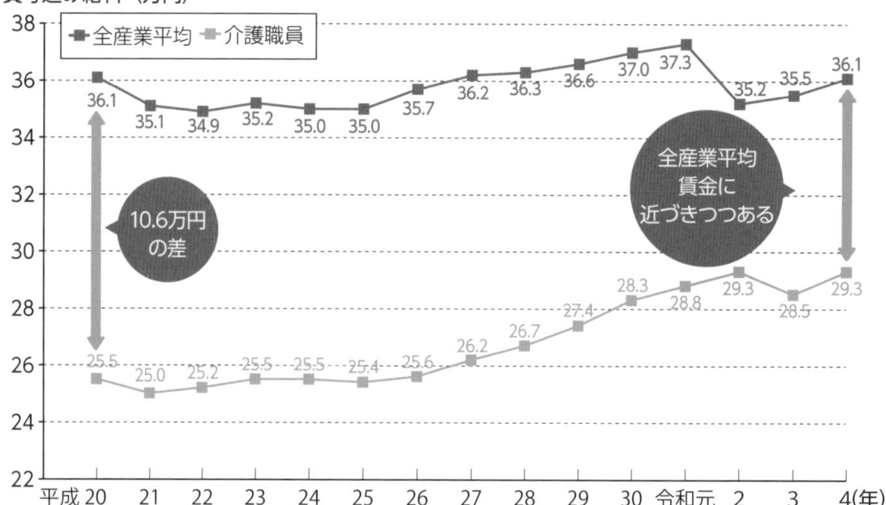

出典：厚生労働省「介護人材の処遇改善等（介護人材の確保と介護現場の生産性の向上）」

資料 国の介護職員の処遇改善についての取組と実績

取組と実績	
平成24年4月	平成24年度介護報酬改定において、処遇改善交付金を処遇改善加算として介護報酬に組み込み、月額6,000円（実績）の賃金改善が行われた。
平成21年4月	平成21年度介護報酬改定において、＋３％改定（介護従事者の処遇改善に重点をおいた改定）を実施し、月額9,000円（実績）の賃金改善が行われた。
平成21年度 補正予算	処遇改善交付金を措置（1.5万円相当）し、月額15,000円（実績）の賃金改善が行われた。
平成27年4月	平成27年度介護報酬改定において、処遇改善加算を拡充（1.2万円相当）し、月額13,000円（実績）の賃金改善が行われた。
平成29年4月	ニッポン一億総活躍プラン等に基づき、平成29年度臨時改定において、処遇改善加算を拡充（１万円相当）し、月額14,000円（実績）の賃金改善が行われた。
令和元年10月	新しい経済政策パッケージに基づき、全産業平均の賃金と遜色ない水準を目指し、更なる処遇改善を進めるため、令和元年10月臨時改定において、特定処遇改善加算を創設し、月額18,000円（実績）の賃金改善が行われた。※勤続年数10年以上の介護福祉士では月額21,000円（実績）の賃金改善
令和４年10月	コロナ克服・新時代開拓のための経済対策に基づき、介護職員の給与を月額平均９千円相当引き上げるため、令和４年10月臨時改定において、ベースアップ等支援加算を創設（２月～９月は補助金）し、月額17,000円（実績）（うち基本給等は10,000円）の賃金改善が行われた。
令和５年11月	「デフレ完全脱却のための総合経済対策」に基づき、介護職員を対象に、賃上げ効果が継続される取組を行うことを前提として、収入を２％程度（月額平均6,000円相当）引き上げるための措置
令和６年４月	令和６年度介護報酬改定における介護職員の処遇改善分の改定率＋0.98％を活用し、新加算の加算率の引上げを行うとともに、介護現場で働く方々にとって、令和６年度に 2.5%、令和７年度に 2.0%のベースアップへとつながるよう示される。

資料 介護関係職種の有効求人倍率の推移

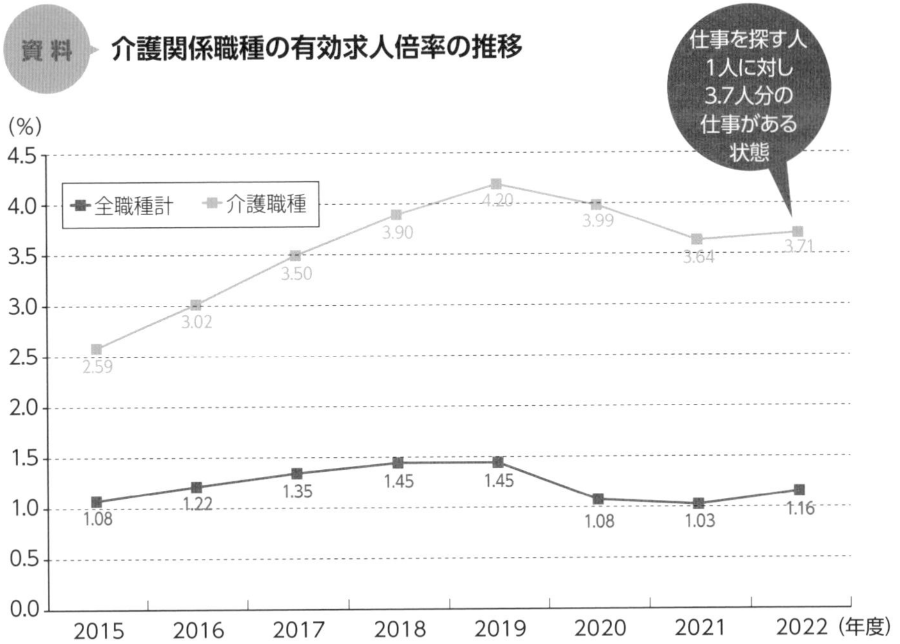

仕事を探す人
1人に対し
3.7人分の
仕事がある
状態
(%)
4.5
4.0
3.5
3.0
2.5
2.0
1.5
1.0
0.5
0.0
全職種計
介護職種
2.59
3.02
3.50
3.90
4.20
3.99
3.64
3.71
1.08
1.22
1.35
1.45
1.45
1.08
1.03
1.16
2015
2016
2017
2018
2019
2020
2021
2022
(年度)

出典：厚生労働省「職業安定業務統計」

資料 就業者数の推移と見通し（産業別）

(万人)
2000
1800
1600
1400
1200
1000
800
600
400
200
0
農林水産業
鉱業・建設業
製造業
情報通信業
運輸業
医療・福祉
卸売・小売業、飲食店・宿泊業
その他サービス業等
2030年には「医療・福祉」と「製造業」が同水準に
321
451
747
858
962
120
158
206
231
242
1990
2000
2014
2020
2030

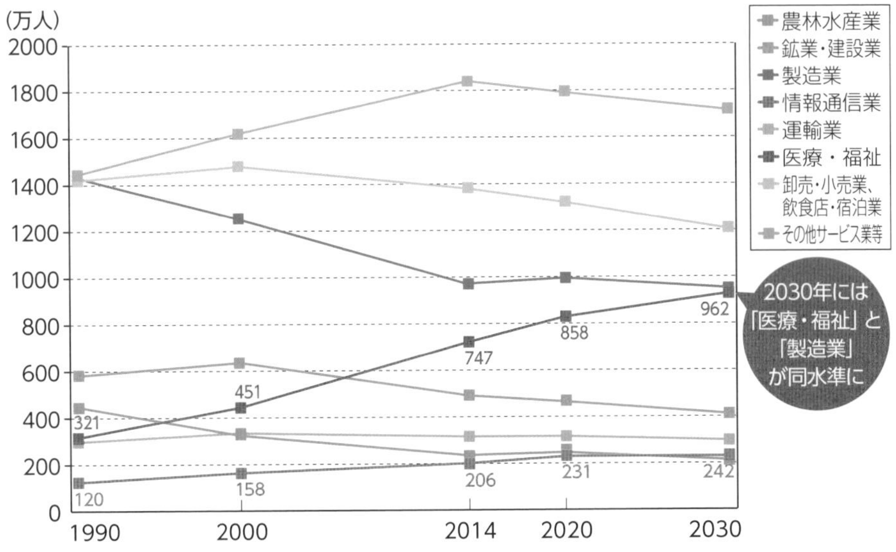

出典：厚生労働省 「2040年頃の社会保障を取り巻く環境」

用語集 よく使われる略称など

■事業者及び事業所の表記

事業者	法人主体。都道府県知事や市町村から指定（許可）を受け介護保険サービスを提供する法人、組織。
事業所	実際にサービスを実施するサービス事業所。事業者が複数の事業所でサービスを実施することもある。

■職員の正式名称と略称

正式名称	略称
訪問介護員	ホームヘルパー、ヘルパー
サービス提供責任者	サ責
介護職員	ケアスタッフ、ケアワーカー、介護士
介護支援専門員	ケアマネジャー、ケアマネージャー、ケアマネ

■資格の正式名称と略称

正式名称	略称
介護職員初任者研修	初任者研修
介護福祉士実務者研修	実務者研修
介護に関する入門的研修	入門的研修
介護職員生活援助従事者研修	生活援助従事者研修

■ 介護保険サービスと略称

正式名称	略称
訪問介護	ヘルパー事業所・ヘルパーステーション
通所介護	デイサービス
通所リハビリテーション	デイケア
短期入所生活介護	ショートステイ
短期入所療養介護	ショートステイ
特定施設入居者生活介護	特定施設
福祉用具貸与	福祉用具レンタル
特定福祉用具販売	福祉用具販売
住宅改修費支給	住宅改修
認知症対応型通所介護	認知症デイサービス
小規模多機能型居宅介護	小規模多機能
看護小規模多機能型居住介護	看多機（かんたき）
認知症対応型共同生活介護	（認知症）グループホーム
地域密着型特定施設入居者生活介護	地域密着型特定施設
地域密着型介護老人福祉施設	地域密着型特養

■ 介護保険施設と略称

正式名称	略称
介護老人福祉施設	特養、特別養護老人ホーム
介護老人保健施設	老健、老人保健施設

※介護予防サービスは省略しています。
※2024年４月時点での法令に基づき執筆しています。
※本文における介護保険サービスなどは、一部略称を使用しています。

おわりに

「この街は誰かの仕事でできている。」

数年前、大手企業のコマーシャルでこういった内容のキャッチコピーが起用されました。私たちの生活は多種多様な職業を持つ人々で満たされており、街角やオフィス、地域社会で彼らがどのように働いているかを見かけることがあります。しかし、働くという行為の深い本質についてじっくりと考える機会はそれほど多くないかもしれません。働くことは、単に生活費を稼ぐだけではなく、人間関係を築き、社会に貢献する大切な手段としての役割も担っています。例えば、チャールズ・ディケンズの『クリスマス・キャロル』に登場するスクルージの物語は、金銭の追求だけが人生のすべてではなく、真の幸せは他にあることを教えてくれます。

現代社会では情報が氾濫し、選択肢が無限に広がる中で、自分にとっての幸せを見極めることがますます困難になっています。特に、将来どの職業を選ぶかを問われた際、多くの人が何を答えるべきかで悩むことも少なくありません。私は、他人から感謝された経験や誰かの役に立ったと感じた瞬間の満足感こそが、仕事を通じて得られる充実感の源泉だと思うのです。

この本では「介護」という誰もが必要となる重要なテーマに焦点を当てています。介護の仕事は、高齢化が進む日本社会で高齢者や障害を持つ人々の日常生活を支えるという社会的な役割を果たし、歳を重ね、その人がその人らしく生きるためにもその重要性が増しています。介護職は、単なる職業を超えて社会の基盤を支える役割も担っているのです。

介護業界にはビジネス感覚がまだまだ不足しています。この業界はまだ若く、介護保険制度が導入されてから20数年しか経っていません。そのため、ビジネスとしての経営感覚を持つ経営者が圧倒的に不足しています。しかし、ビジネスこそが人を幸せにすると私は考えています。多くの人々は「介護はビジネスにならない」と思っていますが、私はこの業界が発展し、新しいビジネスモデルを創出する可能性があると信じています。特に、介護現場で働く介護職員の高い能力は、日本の福祉・介護教育の成果として評価されるべきです。

介護サービス事業者は、利用者の多様な生活ニーズに応えることに日々努力しています。インターネットの普及により、情報が容易に入手できるようになった結果、介護サービスに対する不満や要望を表明する利用者も増加しています。すべてのニーズに応える必要はないかもしれませんが、あなたが、あなたの身内に新しいサービスを創出することは誰でも考えることではないでしょうか。

したがって、介護従事者はプロフェッショナルとしての自覚と自信を持ち、利用者のニーズを知るためにもコミュニケーションをとることが必要だと思います。

本書を通じて、介護職として働くことの意味を皆さんが再発見し、自身の人生で何に価値を置くかを考えるきっかけになればと願います。また、介護の仕事に対する理解が深まり、その重要性が広く認識されることを心から願っています。

最後に、この本の完成に向けてご協力いただいたすべての人々に心からの感謝を表します。特に、東京経済大学現代法学部の西下彰俊教授、井上和男氏、そして私の長女である髙山夏鈴に深く感謝します。

令和6年5月　髙山　善文

◆ 参考文献

・世界の介護保障　増田 雅暢　編著　法律文化社　2014
・トピック社会保障法〔2019第13版〕 本沢 巳代子　信山社　2019
・人生100年時代「幸せな老後」を自分でデザインするためのデータブック　大石佳能子　ディスカヴァー・トゥエンティワン　2019
・福祉原理 -- 社会はなぜ他者を援助する仕組みを作ってきたのか　岩崎 晋也　有斐閣　2018
・未来の年表2 人口減少日本であなたに起きること（講談社現代新書）　河合 雅司　講談社　2018
・七訂 介護福祉用語辞典　中央法規出版　2015
・“見える化”医療経済学入門　川渕 孝一　医歯薬出版　2014
・21世紀の現代社会福祉用語辞典　九州社会福祉研究会　学文社　2013
・認知症の人の歴史を学びませんか　　宮崎和加子　中央法規出版　2015
・厚生労働省　給付と負担について（参考資料）2023
・厚生労働省　"介護人材の処遇改善等（介護人材の確保と介護現場の生産性の向上）"　2023
・厚生労働省　介護職員の処遇改善　2024
・厚生労働省　令和４年度介護従事者処遇状況等調査結果　2024
・厚生労働省　令和４年版厚生労働白書　2022
・厚生労働省　令和５年版厚生労働白書　2023
・厚生労働省　一般職業紹介状況(令和６年3月分及び令和５年度分)について　2024
・厚生労働省　第９期介護保険事業計画に基づく介護職員の将来推計について　2023
・厚生労働省　介護保険事業状況報告の概要　2023
・厚生労働省　2022（令和４）年 国民生活基礎調査の概況　2022
・公益財団法人介護労働安定センター　令和４年度介護労働実態調査介護労働者の就業実態と就業意識調査結果報告書　2023
・独立行政法人福祉医療機構　2022年度　特別養護老人ホームの経営状況について　2023
・認定介護福祉士 認証・認定機構　認定介護福祉士認証・認定機構運営委員会名簿　2023
・出入国在留管理庁　特定技能在留外国人数の公表等　2024
・総務省 統計からみた我が国の高齢者　2023

著者紹介

高山善文（たかやま・よしふみ）
介護事業コンサルタント。株式会社、社会福祉法人、医療法人、NPO法人での30年にわたる介護分野での豊富な経験を持つ。専門分野は福祉サービスの質の向上で、介護ロボット、国際介護人材、シニアビジネスを核にしたコンサルティング、執筆、講演を行っている。主著に『図解即戦力 介護ビジネス業界のしくみと仕事がしっかりわかる教科書』（技術評論社）がある。現在は、アジア市場を含む国際的な介護ビジネスの展開に力を入れている。会社HP:https://www.jtos.co.jp/

●本文デザイン　松崎知子
●本文イラスト　さややん。
●編集協力　株式会社エディポック
●編集担当　山路和彦（ナツメ出版企画株式会社）

ナツメ社Webサイト
https://www.natsume.co.jp
書籍の最新情報（正誤情報を含む）はナツメ社Webサイトをご覧ください。

本書に関するお問い合わせは、書名・発行日・該当ページを明記の上、下記のいずれかの方法にてお送りください。電話でのお問い合わせはお受けしておりません。
・ナツメ社webサイトの問い合わせフォーム
　https://www.natsume.co.jp/contact
・FAX（03-3291-1305）
・郵送（下記、ナツメ出版企画株式会社宛て）
なお、回答までに日にちをいただく場合があります。正誤のお問い合わせ以外の書籍内容に関する解説・個別の相談は行っておりません。あらかじめご了承ください。

これ一冊でわかる！
介護の現場と業界のしくみ　第3版

2019年11月1日　初版発行
2021年11月1日　第2版発行
2024年9月6日　第3版発行

著　者　高山善文（たかやまよしふみ）
発行者　田村正隆

発行所　株式会社ナツメ社
東京都千代田区神田神保町1-52　ナツメ社ビル1F（〒101-0051）
電話　03（3291）1257（代表）　FAX　03（3291）5761
振替　00130-1-58661
制　作　ナツメ出版企画株式会社
東京都千代田区神田神保町1-52　ナツメ社ビル3F（〒101-0051）
電話　03（3295）3921（代表）
印刷所　ラン印刷社

ISBN978-4-8163-7609-2　Printed in Japan
〈定価はカバーに表示してあります〉〈乱丁・落丁本はお取り替えします〉